高校体育教学技能训练基础与实践

李　蓓　申　静◎主编

吉林人民出版社

图书在版编目(CIP)数据

高校体育教学技能训练基础与实践 / 李蓓, 申静主编. -- 长春 : 吉林人民出版社, 2024. 7. -- ISBN 978-7-206-21324-3

Ⅰ. G807.4

中国国家版本馆 CIP 数据核字第 2024XW6780 号

高校体育教学技能训练基础与实践

GAOXIAO TIYU JIAOXUE JINENG XUNLIAN JICHU YU SHIJIAN

主　　编：李　蓓　申　静

责任编辑：张文君　　　　封面设计：左图右书

出版发行：吉林人民出版社(长春市人民大街 7548 号 邮政编码：130022)

咨询电话：0431-85378017

印　　刷：三河市嵩川印刷有限公司

开　　本：787mm × 1092mm　　1/16

印　　张：11.75　　　　字　　数：190 千字

标准书号：ISBN 978-7-206-21324-3

版　　次：2024 年 7 月第 1 版　　印　　次：2026 年 1 月第 1 次印刷

定　　价：68.00 元

前　言 PREFACE

体育是素质教育的一个关键部分。近年来,我国竞技体育和学校教育已经发展成为一个协同合作的系统,以满足国家的需要。竞技体育系统旨在培育国家所需的体育运动精英,而学校教育则致力于培育社会所需的综合性人才,以满足社会的需要。高校是教育和体育领域的重要融合路径,负责培育全面优秀的体育人才。现如今,人们对健康越来越看重,随着加快建设教育强国、科技强国、人才强国的战略目标,中国高校体育教育改革在持续推进,高校体育教学与技能训练迎来了更大的机遇和挑战。

高校体育教学是学校教育的重要组成部分,旨在通过科学的教学计划、丰富的教学内容、多样的教学方法和有效的教学保障,提高学生的身体素质和运动技能,并培养其良好的运动习惯和健康生活方式。在高校体育教学中,技能训练的重要性不容忽视,它是培养学生身心健康和全面发展的重要途径,在提高学生身体综合能力、树立学生积极乐观的体育精神、促进学生交流与合作、培养学生创新能力和竞争意识、涵养学生品德道德以及社会适应能力都具有重要意义,可以为其未来的生活和工作奠定良好的基础。

高校体育教学与技能训练是一个动态发展的领域,它要求教育工作者持续关注最新的教育理论、技术进步以及学生需求的变化,以确保体育教学能够有效地培养学生的综合素质和专业技能,通过系统的训练和创新的教学方法,可以更好地实现体育教育的目标,促进学生的全面发展。然而,目前高校体育教学与技能训练中还存在一些问题,如教学理念陈旧、教学方法单一、训练方式不合理等,其改革迫在眉睫。基于此,本书以高校体育教学为研究对象,对高校体育教学技能训练基础与实践方式进行了研究,分析了高校体育教学的现状,提出了高校体育教学在教学内容、模式、评价等方面的优化路径,对高校体育教学中学生力量、速度等身体素质以及田径、球类等项目的教学与技能训练方式进行了探析。

目　录 CONTENTS

第一章　高校体育教学与训练概述 ……001

第一节　体育教学的产生与发展 ……001

第二节　高校体育教学的性质与特点 ……004

第三节　高校体育教学的价值与目标 ……010

第四节　高校学生体质健康与体能训练 ……014

第五节　高校体育科学训练的要素 ……020

第二章　高校体育教学理念及实践 ……025

第一节　以人为本 ……025

第二节　健康第一 ……030

第三节　终身体育 ……035

第四节　创新教育 ……042

第五节　个性化教育 ……047

第三章　高校体育教学的现状与优化 ……054

第一节　高校体育教学的机遇与挑战 ……054

第二节　高校体育教学方法的优化 ……058

第三节　高校体育教学内容的优化 ……063

第四节　高校体育教学环境的优化 ……070

第五节　高校体育教学过程的优化 ……076

第六节　高校体育教学模式的优化 ……078

第七节　高校体育教学评价的优化 ……083

第四章　高校体育教学中的身体素质训练 ……089

第一节　高校体育教学身体素质训练概述 ……089

第二节　力量素质训练 ……095

第三节　速度素质训练 ……100

第四节　耐力素质训练 …………………………………………………………105
第五节　灵敏素质训练 …………………………………………………………111
第六节　柔韧素质训练 …………………………………………………………117
第五章　高校体育专项教学与技能训练实践 ……………………………122
第一节　田径运动教学与技能训练 ……………………………………………122
第二节　跆拳道教学与技能训练 ………………………………………………127
第三节　健美操教学与技能训练 ………………………………………………134
第四节　游泳教学与技能训练 …………………………………………………140
第五节　篮球教学与技能训练 …………………………………………………147
第六节　足球教学与技能训练 …………………………………………………154
第七节　排球教学与技能训练 …………………………………………………160
第八节　羽毛球教学与技能训练 ………………………………………………165
第九节　乒乓球教学与技能训练 ………………………………………………171
参考文献 ……………………………………………………………………177

第一章 高校体育教学与训练概述

第一节 体育教学的产生与发展

一、封建社会时期学校体育的发展

中国的封建社会从战国时期（公元前475年）至鸦片战争（1840年），历时两千多年。封建社会时期并无学校体育这一说法，此时的学校体育内容较少，多为学校内或教育体系内的体育运动行为。战国之后，因文武分途，社会中逐渐形成重文轻武的局面，汉代以后长期的“独尊儒术”，与体育相关的内容从学校的教育中被剔除。直至隋唐，封建社会的发展进入鼎盛时期，部分读书人喜欢将打马球、蹴鞠、击剑等作为娱乐活动，并形成了正式的比赛模式。南北两宋时期曾设武学，武学结业的人直接升至军官或教头职位。明末清初，资产阶级思想教育的萌芽开始在中国显现出来，一些民主主义者主张改革教育制度，其中颜元则主张教育要以“健人筋骨，和人血气，调人情性，长人仁义”①为目的，强调身体强健才能保家卫国，国家才能强大，他晚年时设置的书院里就有专门学习兵法、操练的分部，内容也算是与学校体育近似了。综上所述，封建社会关于学校体育的内容实在是凤毛麟角。

二、近代社会学校体育的发展

中国的近代社会从1840年鸦片战争时期开始，直至1949年中华人民共和国成立。从1840年鸦片战争开始，清朝进入末期，统治阶级中的一些官僚推出洋务运动，主张创办西式学堂，引入西方的体育内容，规定课堂的体育课程为体操、游戏等，并开办各种体育活动，这是我国学校教育中

---

①谷世权．我国古代近代学校体育发展史考略［J］．北京体育学院学报，1986(01)：79—85.

第一次出现体育课程和活动，对西方体育在我国今后的传播影响深远。维新运动中维新派大力提倡西学，首次提出了学校教育中“德、智、体”三方面共同发展的思想，强调了体育在学校教育中起着举足轻重的作用，提倡学校重视体育卫生和儿童身体健康。随后在改革中废除了学堂，开始兴办学校，并设置了各级各类的体操科，各级的课程学时不同，这是我国历史上第一次出现体育类的课程，也是学校体育的开端。

1923年随着《新学制课程标准纲要》的颁布，学校“体操科”正式改为了“体育课”，内容上将原本的兵士体操剔除，改为田径类、各种球类、普通体操和游泳等项目，并加入了卫生保健及生理知识，这标志着学校体育史进入发展的新时代。1927年学校体育发展呈现出蒸蒸日上的新气象，在物质匮乏的情况下，师生们想方设法地坚持体育课与体育活动，并经常举办各项运动的竞赛。

三、中华人民共和国成立后学校体育的发展

1952年，教育部成立体育处，并设置了群众体育司学校体育处，各省市地区也相继设立相应部门，学校体育有了正式的管理组织。1952年国家体委联合教育部颁布的《学校体育工作暂行条例》中，第一次明确指出了我国学校体育的基本目标。1953年教育部将体育列入中考项目中，与其他科目成绩相同。1953年，苏联的十年制教学大纲翻译版在中国初行，并于1956年出版了我国第一部中小学体育教学大纲，统一规范了学校体育的教学工作。1958—1965年是学校体育的曲折发展阶段，曾出现了以劳动代替体育的现象，三年困难时期也迫使学校体育课及课外活动减少，学生的体质普遍出现下降现象。直至1972年全国中学生运动会的召开，学校体育才慢慢走上正轨。1990年国务院批准颁布了《学校体育工作条例》，从而我国学校体育工作开始真正进入法制化的发展道路。1985年开始，我国每五年就要进行一次大规模的体质测试，为了更好地掌握青少年的体质健康状况和发育特点，制定了更完善的青少年身体机能素质的评价标准。1990年3月经国务院批准颁布了《学校体育工作条例》，我国学校体育步入法制化轨道。1992年，《九年义务教育体育与健康教育教学大纲(初审稿供实验用)》反映出对体育课程对人的现代化促进的认识更加全面和深刻，在体育课程内容中融入了健康元素，如环境与健康、饮食与健

康、青春期等。1993年的《中国教育改革和发展纲要》与1995年的《中华人民共和国教育法》先后提及终身教育,并实现了终身教育的制度化,1996年《全日制普通高级中学体育教学大纲》中首次明确提出了终身体育的概念。为了迎接21世纪的机遇与挑战,《关于深化教育改革全面推进素质教育的决定》中提出了"要培养适应21世纪现代化建设需要的社会主义新人"。此后,体育课程对于人的现代化的话语表达也愈发明确。

2000年颁布的《九年义务教育全日制初级中学体育与健康教学大纲(试用修订版)》规定体育教学的目的是以育人为宗旨,促进青少年身心的全面发展。2001年《全日制义务教育普通高级中学体育(1—6年级)体育与健康(7—12年级)课程标准(实验稿)》中提出了运动参与、运动技能、身体健康、心理健康、社会适应五个领域目标。为了切实加强学校体育工作,改善学生视力、肥胖以及营养不良等问题,提高学生体质健康水平,教育部国家体育总局于2007年向全国发出了阳光体育运动的号召,以"健康、运动、阳光、未来""阳光体育与我同行"等宣传口号鼓励学生走出课堂,走向操场,走到阳光下,积极参与体育锻炼。

2012年1月,在对我国21世纪初颁布的《九年义务教育中小学体育与健康教学大纲》(2000年)以及《普通高中体育与健康课程标准(实验)》(2003年)等一系列文件进行修缮的情况下,正式出台了《义务教育体育与健康课程标准(2011年版)》,这项文件的颁布,对我国学校体育课程进行了全新的改革,使学校体育课程不再流于表面,将学校体育课程开设目标逐步转移到学生主体,提高学生在体育课堂上的主体地位,让学生更加自主地发挥其主观能动性。此外,也对学校体育学科真正应该传达的价值进行反思,指出学校体育课的开设应从学生主体需求出发,培养学生终身参与体育运动的意识。

2012年党的十八大首次把"立德树人"作为教育的根本任务。2016年,国务院办公厅颁布的《关于强化学校体育促进学生身心健康全面发展的意见》指明了学校体育在促进学生全面发展、教育现代化以及实现民族伟大复兴的重要价值。在2017年召开的党的十九大上,党中央再次明确地提出了教育的根本任务应落实在"立德树人"上。这些表述在随后教育部颁布的《普通高中体育与健康课程标准(2017年版)》中也得到了很好的阐述。

2022年,《义务教育体育与健康课程标准(2022年版)》(以下简称2022版义教课标)指出,“体育与健康教育是实现儿童青少年全面发展的重要途径,对于促进学生积极参与体育运动、养成健康生活方式、健全人格品质,提升国民综合素质,推动社会文明进步,建设健康中国和体育强国,实现中华民族伟大复兴具有重要的现实和长远意义”。可见,新时代以来我国学校体育课程改革实现了渐进性的理性化跃升,实现了兼顾工具理性与价值理性的“体育课程—人的现代化—社会现代化”的多元驱动。

纵览2000年至今,国内形势安全稳定,经济快速增长,人民生活幸福,健康意识深入人心。科学发展观与社会和谐成为社会发展的核心主题。经济模式已基本市场化,市场配置成为社会发展的重要手段,社会各项事业都进入科学、和谐、可持续的发展轨道。国际形势面临百年未遇的大变革,中国良好的国际发展环境为学校体育在本领域的发展提供了条件,并以此为契机,积极发展资源拓宽空间,呈现迅猛发展态势。回溯审视得知:群众基础是保障,社会期盼、群众关注、学生需求使体育意识成为共识,市场经济的发展和完善的市场体系是市场基础,政府持积极采纳态度,对体育产业、体育经济报以热情。这一特殊时期,中国学校体育改革的攻坚战只能靠自己,创新成为强国强军复兴中华民族的使命和发展主流。社会倡导的“四个自信”极大地推动了我国教育工作的改革和发展,国家积极出台一系列科学、和谐、利好的政策,必将对学校体育工作开展产生划时代的意义。

第二节　高校体育教学的性质与特点

高校体育教学是一门以学生身体练习为主要手段,通过合理的体育教育和科学的体育锻炼过程,达到增强学生体质、保障学生身体健康和提高其体育素养为主要目标的公共必修课程。它是学校课程体系的重要组成部分,是高等学校体育工作的中心环节,是促进学生身心和谐发展的思想品德教育、文化科学教育、生活与体育技能教育与身体活动有机结合的教育过程，是实施素质教育和培养全面发展人才的重要途径。

一、高校体育教学的性质

高校体育教学具有身体练习和思维活动相结合；以户外环境为主，强调使学生身体的时空感觉得到发展；需要实现机体的自我体验与操作等多种特征。此外，高校体育教学活动是一种需要教师与学生同时参与的双边活动。①大部分人认为，身体练习活动就是师生双边活动的重要桥梁。然而，如果仅仅将身体练习认定为师生双边活动的媒介是不够准确的。

对于动物而言，它们也存在身体的各种练习活动。例如，即使动物经过驯养，具有了相对高超的运动技术，但是动物的运动行为和人的运动练习行为是非常不同的。动物只是拥有单纯的运动行为，而人的运动练习行为会包含两方面内容，即身体的练习活动与大量的思维活动。如果将教师与学生的双边活动理解为单纯的身体练习活动，就很容易形成体育学科地位较低的思想观念。此外，在开展其他学科教学活动的过程中，教学的中介主要是知识和技能，但是对于体育学科而言，身体练习活动并不是知识，也不是技能，这一词汇代表的是一个过程。所以，相对于身体练习而言，运动技术更加准确。

关于运动技术的解读，具体如下：由于运动技能是知识与技术的中间形态，因此我们要从操作技能的概念及其形成的层面来解析运动技能。所谓的操作技能，主要是指一种合乎法则的、通过学习活动而形成的活动方式。一般来讲，操作技能包含多个特征，而这些特征也是与其他事物本质相比存在差异的地方，我们常常称之为“概念的种差”。具体的解释如下：①合乎法则。此种差与一些日常生活中的随意运动是存在一定不同的。②通过学习获得。此种差与其他的人体本能行为是有区别的。③活动方式。该种差与知识是存在差异性的，主要是因为知识是活动的。④明确了方向。对于活动而言，技能则具有控制执行的作用。

操作技能的重要分支之一就是运动技能。对于运动技能而言，其形成主要包括以下几个阶段：认知动作的阶段、联系动作的阶段和完善动作的阶段。其中，认识动作的阶段与知识和技能之间有着十分密切的联系，其

①周长江．高校体育有效教学的策略探析[J]．体育科技文献通报，2014，22(02)：56+80.

最终目的是对活动操作的要素、关系与结构等进行认识。运动技术可以看作是一种知识，这是由于知识是事物联系与属性的组织和信息。即便是在没有人掌握它的时候，运动技术就已经客观存在了。它也是人类文化知识的重要组成部分之一，是前人积累下来的宝贵运动文化遗产。

然而，如果将运动技术解读为知识，就会使它与本来学科的知识和技能互相重复，出现两个知识和技能的情况，这显然逻辑不通。所以，在表述的过程中，应该使用另一个词汇。在此认为，在阐述时，采用运动本体与动作的概念是很恰当的。也就是说，从动作概念的角度对动作技术进行了解，就能够解析为运动操作知识。例如，对于田径、体操、游泳等运动，如果能够学会、掌握这些运动技术，就能够促进运动技能的形成。

从上述的分析中可以得知，在本质上，高校体育教学就是运动技术教学，再具体一点，就是运动操作知识。只有当学生学会了运动操作知识，运动技能才能形成。如果能够有效利用高校体育教学的户外环境因素，就会排除像羽毛球运动一样的大量体育运动项目的可能性。所以，在高校体育教学的本质特征中，户外环境等内容并不包含其中。

高校体育教学是高等教育的主要部分之一，在不同时期，高校体育教学的目的和重点内容不同，随着社会、经济的发展变化，高校体育教学的本质也会发生变化。在新时代，国家提出了“健康中国”的理念，倡导人们健康生活，特别是要注重学生的身心健康。因此，高校体育教学的本质必须随之改变，不仅要传授给学生运动技术，还要对学生进行心理健康教育。高校体育教学要围绕新时期学校体育的目标和“健康中国”的要求，在理念上以实现“健康中国”为诉求契合点，针对学生的身体素质、心理健康有效实施体育教学，从而有计划地提高学生的身体素质、运动技术、心理素质，确保学生形成较强的社会适应能力。教师要积极拓展高等学校体育运动项目，让高校体育教学在课程设置、课时安排等方面更好地适应新时代的要求，有计划、有组织、有目的地培养学生的体育兴趣、爱好，培养学生顽强拼搏、团结合作，为集体争光的集体荣誉感，提高学生的道德品质与意志品质，从而助力“健康中国”建设。高校体育教学要为2030年建成富强、民主、文明、和谐的社会主义现代化国家作出应有的贡献。

二、高校体育教学的特点

高校体育教学与一般文化课教学相比，共同点是都属于师生共同参与的教和学的双边活动，教师向学生传授一定的知识和技能，并对学生进行共产主义思想品德教育，以提高学生的能力。同时，高校体育教学也有自身的特点。

（一）运动知识传承的可操作性

体育运动知识指的是身体知识，这一点也是体育运动与其他学科相比最显著的差异。值得注意的是，这种身体知识不仅是人类知识发展过程中特殊认识的一种，还是人们由对自然外部知识的追求逐渐向人体内部知识的探索进行转移的结果，更是一种面向人类本体、人类本身与人类自我的挑战。

现阶段，教育界对于学生的主体性地位给予了充分的肯定与重视，而这样对人类自我知识的再度追求不仅体现了高校体育教学的特殊性，还使高校体育教学具有了传承知识的重要意义。从这个角度来讲，高校体育教学是对身体知识的传承。身体知识是一种能够实现人类自身感觉真正回归的知识，也是科学知识的一种，只是之前人们没有发现这种知识的重要性而已。可以想象的是，这类知识在未来肯定会受到人类的广泛认可与关注，并能够在人类身心健康的相关研究中被广泛应用。

（二）体育教学过程的直观形象性

体育课程教学的过程体现了鲜明的直观形象性。例如，对于体育教师而言，其讲解不仅要与其他学科教师讲解的基本要求相一致，还要使用有趣贴切、形象生动的语言，艺术性地加工所要传授的知识，将语言简单化，使学生加深对教学内容的感知。同时，体育教师需要应用特殊的演示形式，通过动作示范、优秀学生的示范、学生正误对比示范、人体模型、动作图示、教学模具等进行直观形象的展示，使学生从感官上对动作进行感知，并建立清晰、正确的运动表象。通过直观的动作演示，学生能够将得到的表象与思维紧密联系在一起，从而达到掌握体育知识与体育技能的目的。

高校体育教学管理与组织的过程也体现了直观形象性，学生的行为都是直接的、外显的和可观察的。所以,体育教师的一言一行都能够发挥榜样的作用,在无形中使学生的身心得到教育,进而直接地、真实地表现在课堂上,尤其是在开展学习活动与运动的过程中,学生会将其最为真实的一面通过一言一行表现出来,此时是体育教师对学生进行观察、指导的最佳时机。

(三)体育内容的审美情感性

体育课程教学的美最直观的表现是在开展运动的过程中教师与学生的人体美和运动美。通过运动塑身,教师和学生身体各部分线条的美与身体比例对称的美得以形成,并且人体运动的美也在这一运动过程中得以体现,这些都是外显的内容。另外,在开展运动的过程中,人体的精神美也得以体现。例如,在开展运动的过程中,学生需要克服生理障碍和心理障碍,只有做到这些,才能使高校体育教学目标得以顺利完成,同时体现出礼貌、谦让和谦虚等风范。高校体育教学活动不仅展示了人体美和精神美,还使高校体育教学内容的审美性得到体现。每个运动项目都对审美特征和美学精神进行了不同的表述。例如,球类运动项目不但使个人的运动优势得到展现,而且兼顾群体互助、协调和合作等人际素养;田径运动不仅使学生的运动天赋得到表现,还展示了永不言败的豪气;乒乓球运动项目使东方人的技艺与灵巧得到展示,等等。这些内容都是前人累积的经验总结,经过教师的加工传授给学生,并以此让学生去感知,从而获得身心的健康、全面发展。此外,高校体育教学活动作为一种社会活动,具有一定的创造性,教师与学生共同营造的教学情境在精神上能够给人以启迪,令人回味。

(四)客观外界条件的制约性

与其他学科教学相比,高校体育教学的另一个不同之处是高校体育教学效果很容易受到外界各方面的影响和实际客观情况的制约。例如,学生的性别、年龄、生理特点、心理特点、体质强弱与运动基础,以及体育场地、器械设施、客观气候条件等,这些因素都会对高校体育教学质量产生不同程度的影响。

从高校体育教学对象的层面上而言,高校体育教学应该使教育的全面性得以实现。在运动基础方面,教师要区别对待不同水平的学生,同时要针对学生的性别、年龄、生理特点、心理特点与体质强弱等实际情况进行区别对待。例如，在机能水平、身体形态、运动功能与运动素质等方面，男女学生会存在明显的不同，因此教师在教学选择、教学设计和教学组织等方面就应该考虑性别差异。如果教师没有对这些方面给予足够的重视，盲目教学，不仅会导致体质增强的教学效果很难实现，还有可能增加学生安全方面的风险。

从高校体育教学环境的层面上而言，由于室外存在较多的影响因素，如空中的意外声响、马路上的汽车声等，因此体育课堂教学一般会在室内开展。此外，在室外，学生的视野更加广阔，容易分散注意力，当然，也有一些不可控因素，如天气因素等，都会干扰到高校体育教学过程。同时，体育课程教学在体育场地、器材设施和客观气候条件等方面都有较高的要求。所以，在制订学年体育教学计划、课时计划，选择教材内容、实施教学组织方法的时候，体育教师都应该对上述影响因素进行考虑，促进高校体育教学效果与质量的提高。此外，体育教师还应该充分利用酷暑、严寒等自然条件，从而提升学生适应环境的能力。

（五）教师与学生身体活动的频繁性

在开展高校体育教学的过程中，教师需要对运动项目的动作进行示范、指导与反馈，这主要是因为身体知识来源身体的不断实践与操作，而且对于学生而言，也需要身体的操作和体验。如果想要学习、掌握运动技能，学生就需要反复地进行身体的操作和演练。因此，在开展体育课堂教学的过程中，教师和学生的身体活动会比较频繁，这也是体育课程教学与其他学科教学的不同之处。其他学科的课程教学只需要在室内开展就可以，只是需要保持相对安静的环境，这样才能够使学生的思维得到激发，同时达到良好的学习效果。高校体育教学的情况则不同，在开展高校体育教学实践活动的过程中，学生不仅要有身体的剧烈活动，还能产生学生体验的情绪，这些都是体育课程教学的外部表现行为。

（六）学生身心合一的统一性

从本质上讲，体育就是自然改造人自身的过程，在强调生理机能和形态结构统一的同时，还强调身心的和谐发展。在开展高校体育教学活动的过程中，教师不仅要注重体育文化的传承，还要使学生的心理素质与社会适应能力得到强化。在开展高校体育教学的过程中，教师营造了许多生动的情境，为学生心理素质的发展与社会适应能力的提高创造了良好条件。高校体育教学过程与辩证唯物论的观点是相符的，讲究身心发展的统一性。身体发展是基础，其支持了心理发展；而心理的发展则能够对身体的发展起到促进作用。

在开展高校体育教学的过程中，身心合一的统一性主要体现在以下三个方面。第一，高校体育教学内容要注重对学生各种能力和素质的培养，注重其心理与社会的适应性培养，要符合社会学和心理学等方面的要求。第二，体育教师的教学方法和教学组织必须与学生的身心发展规律相符，在反复的动作与休息交替过程中，使学生的健身目的得以实现。如果练习活动与休息能在一定的范围内合理地交替进行，学生的生理机能变化将会以波浪式曲线呈现出来。第三，体育课程教学与学生的年龄特征和心理特征也是相符的。学生的心理活动所呈现出来的曲线图像是高低起伏的，而这种生理、心理负荷的波浪式曲线变化规律使高校体育教学的鲜明节奏性与身心统一性、和谐性得到展现。所以，在对各种教法与组织进行安排的过程中，体育教师应该充分考虑学生的心理特征。只有这样，才能够使学生的身体素质得到提高，使学生的兴趣爱好与积极性得到有效激发，进而促进高校体育教学功能的有效发挥。

第三节　高校体育教学的价值与目标

一、高校体育教学的价值

（一）贯彻健康中国战略

中共中央、国务院早在2016年就提出了健康中国战略的中长期规划，旨在保障人民健康、全面发展小康社会、加快社会主义现代化建设的发展进程。党的二十大报告又一次提出了要推进健康中国建设发展，并对实施健康中国战略做出了一系列重要部署。一代人应有一代人的使命，一代人就有一代人的担当，高校体育教学作为健康中国战略实施的重要渠道，主要任务是加强学生的身体素质,提升健康水平。为贯彻落实健康中国战略及高校教育教学目标,高校需要以党的二十大精神为统领,奋力开创健康中国建设的新局面,结合体育教学需求及其本身具有的育人功能,在高校体育课程实施过程当中,全面贯彻立德树人的根本目标,以切实提升学生体质健康水平,全面推动高校体育教学的可持续发展和建设,通过贯彻落实健康中国发展战略,充分体现高校体育教学的价值内涵。

(二)推动体育强国建设

党的十九大报告提出,要加快推进体育强国建设。党的二十大报告审时度势,又再一次发出了要"加快建设体育强国"的号召,并做出一系列重要部署。在新时代高校体育教学中,促进体育强国建设的根本目的在于从体育大国朝着体育强国转变,如北京奥运会和残奥会的成功举办,为我国竞技体育领域发展提供了强有力的支持,广大社会公众愈发重视全民健身事业的发展和建设,并且我国大众体育领域也取得了明显的发展成效。[①]基于此,在现代化发展进程中,应积极将体育人才培养与高校体育教育教学相融合,在体教融合政策的指引下有效创新我国高校体育教学的发展路径。国家体育总局教育部颁发的体教融合政策与体育强国建设纲要均明确提出了高校体育教学在体育人才培养方面起到的积极作用,在高校体育教学过程中,必须不断深化高校体教融合的路径,并以体育强国战略目标的顺利实施为出发点和着眼点。

(三)全面推进全民健身进程

党的二十大报告当中提出,要广泛开展全民健身活动,促进群众体育和竞技体育全面发展。可以说,全民健身发展战略的实施,是为了全面提高国民体质和健康水平,倡导全民做到每天参加一次以上的体育健身活动,并学会两种以上健身方法,每年再进行一次体质测定。高校学生也是全民健身工程建设中的重要群体。在新时代背景下,在全面推进高校体育教学工作中,通过丰富多样化的体育教学内容与形式,可以有效激发学生参与体育运动的兴趣,让学生掌握更多的健身方式,有效促进学生体质健康水平的提升,全面推进我国全民健身战略的实施进程。

①冯武龙,柯丽.体育价值取向在高校体育教学改革路径中的融合分析[J].作家天地,2020(21):70—71.

(四)发挥体育教学的育人功效

目前,广大社会公众对于体育运动的认知仍停留在基础的身体锻炼上,而忽视了高校体育教学本身具有的育人功能。实际上,高校体育教学不但能为立德树人任务目标的落实提供基本保障,还能通过举办体育锻炼和运动竞赛活动提高学生的身体素质、磨炼精神意志,从思想层面培养学生形成团结协作、积极奋斗的精神品质,同时营造热烈、充满激情的体育文化传播氛围,拓展学生体育知识储备,提升体育文化素养,以此达到提升学生思想道德素养、熏陶审美情操、塑造健全人格的目的。当前的高校体育教学,不应仅局限于理论知识和运动技能等浅显的层面,而是需要培养学生成为现代社会主义所需的建设者和接班人。在现代社会发展中必须充分发挥高校体育教学的育人功效,以立德树人目标为导向,全面贯彻落实教育强国和健康中国、体育强国的战略目标。

(五)传承与弘扬中华体育优秀传统文化

中华民族有着悠久的历史和丰富的文化底蕴,体育文化亦是其中重要组成部分。在新时代背景下,为了实现体育强国的战略目标,高校体育教学需要不断创新和发展,更加注重传承和弘扬中华体育优秀传统文化。中华体育优秀传统文化是民族文化的瑰宝,蕴含着世代相传的智慧和力量。自古以来,我国体育文化在强身健体、陶冶情操、培养意志等方面发挥着积极作用。传统体育项目如太极拳、武术、八段锦等,既体现了中华民族特有的文化韵味,也具备独特的健身养生功能。在新时代背景下,弘扬这些优秀传统对于提升国民身体素质、增强民族自豪感以及塑造独具特色的体育文化具有重要意义。

高校作为培养人才的摇篮,是传承与弘扬中华体育优秀传统的重要阵地。在体育教学中,应充分发挥传统体育项目在提升学生体质、陶冶性情、培养意志等方面的独特作用。一方面,传统体育项目有助于丰富学生的体育生活,调动学生参与体育活动的积极性,提高学生对体育的兴趣和参与度;另一方面,通过对传统体育项目的学习与实践,学生可以深入了解和体验中华优秀传统文化,增强民族认同感和凝聚力。在全球化背景下,中华体育优秀传统文化在世界范围内也具有广泛的影响力。许多中华传统体育项目已经走出国门,成为世界体育文化的一部分。弘扬中华体育优秀传统文化，对于提升国家的国际形象，增强文化自信，传播中华优秀文化成果具有重要意义。在这一过程中，高校体育教学发挥着关键作用，通过对学生进行全面的传统体育项目教育，使他们能够在国际交流与合作中传播中华体育文化，促进国际文化交流与理解。

二、高校体育教学的目标

教学目标是对课程要达到的预期效果的规定或设想，对教学内容、教学活动设计有重要指导作用。因此，要构建高质量的体育教学体系必须首先确定有利于学生有效学习的体育课程目标。就当前体育教学改革的现实要求来看，指向学生核心素养培养是高校体育教学目标设计的重要要义。按照培养学生核心素养的要求，可以将高校体育教学的教学目标划分成三个基本维度，即学生运动能力培养、健康行为养成、体育品德养成。

（一）基于核心素养的学生运动能力培养

第一，要促进学生参与体育运动动机的生成和提升。学生对某一项体育活动产生探索、尝试的意愿源于内部学习动机，若自身不喜欢某项运动，也没有探索欲望，参与动力就会明显不足。因此，在教学目标设计时要将学生的兴趣、学习态度等作为重要依据，激发他们的学习动机。第二，强调体育文化内涵与文化自信。文化是根，教学目标设计应当突出文化内涵，使学生在掌握体育运动知识和技能的同时，掌握体育运动蕴藏的文化知识，提升他们发现、感知、欣赏、评价体育美的意识和基本能力，这是提升学生体育文化自信的必然途径。第三，强化学生体育学习能力。教学目标设计不但要关注学生乐学、善学能力的培养，还要关注学生探究、思辨、解决问题等能力的培养，让他们学会如何进行体育学习，具备终身体育学习的能力，这是终身教育观的内在要求。

（二）基于核心素养的学生健康行为养成

第一，强调让学生养成健康良好的体育锻炼习惯。在高校体育教学目标设计时，应当体现让学生掌握正确科学的锻炼方法、良好健康的锻炼习惯等要求。除了让学生通过体育课掌握几门运动技能，还要向他们传授正确、科学的锻炼方法，如知道一些常见体育器械的锻炼原理、方法及对身体机能的改善意义，让学生选择适合自身的锻炼方式，养成会锻炼、常锻炼的良好习惯，在长期的坚持中增强体质。第二，关注学生自我情绪管理、社交等能力的提升。体育教学目标设计应关注体育运动在改善学生身心健康方面的重要作用，通过各种复杂体育情境、竞赛等的设计，让学生在其中感受情绪调控、与同伴进行沟通交流等的重要性，促使学生去体会、感悟，在潜移默化中触动他们，帮助他们养成健全人格。

（三）基于核心素养的学生体育品德养成

第一，体育精神培养。对学生而言，体育精神对他们价值观的形成具有重要导向作用。体育教学目标设计不但要突出快乐体育，还应突出对学生正视挑战与挫折、克服困难与怯弱等品质的培养，比如设计一些具有较大难度的体育技能动作、体能练习情境，让学生在体育锻炼的过程中通过亲身感悟，领悟体育精神的核心，得到意志的锤炼。第二，责任意识的培养。培养负责任、能担当的时代新人是高等教育的重要育人目标，也是高校体育教学的重要目标，在教学目标设计时要设计多样化的可以增进学生对责任、义务等理解的学习情境，使他们更好地融入团队，担负起时代新人的使命。第三，道德规范意识的培养，在体育教学目标设计时融入公平正义、公平竞争等意识的培养，如通过体育竞赛视频讲解竞赛规则，或设计具有明晰规则的竞赛学习情境，让学生在体育道德规则和规范的训练过程中养成正确的道德规范意识。

第四节　高校学生体质健康与体能训练

一、高校学生体质健康的影响因素

高校学生是国家和民族的未来，他们的健康状况直接影响到国家的进步和民族复兴。近年来，高校学生体质下降、健康问题增多、运动习惯缺失等现象引起了社会的广泛关注。由中共中央、国务院印发的《“健康中国2030”规划纲要》中明确提出，要把健康摆在优先发展的战略地位，形成具有中国特色、促进全面健康的制度体系。高校学生作为社会主义事业的建设者和接班人，不仅要丰富理论知识储备、提升技能应用水平，而且要拥有良好的身体素质,养成健康的生活习惯,从而肩负起实现伟大复兴中国梦的历史重任。近年来,高校对学生体质健康的重视程度不断提升,采取了增加体育课时、扩建运动场馆等实际行动,客观上为提升学生体质健康水平创造了有利条件。与此同时,也必须认识到体质健康与多方面因素有关,如高校学生个人的生活方式、运动习惯,学校的课程安排、设施配备以及家庭的教育观念等,都会对学生体质健康产生影响。

(一)个人因素

1.个人生活方式

良好的生活习惯和健康的生活方式对学生的健康至关重要。以饮食为例,学生在饮食的选择上缺乏合理性,不能做到均衡膳食、科学搭配。有些学生长期食用高油、高盐、高热量食品,还有的学生不能坚持规律饮食,由于无法保证营养,导致身体素质下降。另外,吸烟、饮酒、作息不规律等不良生活习惯也是影响学生体质健康的重要因素。

2.课余时间安排

高校学生的课余时间较为充裕,能否利用课余时间参加体育锻炼、培养体育爱好,也会影响学生的体质健康。在“互联网+”时代,高校学生的课余生活与互联网、新媒体深度绑定,吃、穿、购、娱等均离不开互联网,课余时间参加体育运动的时间相对较少。一部分学生会加入篮球、轮滑等社团,并参加社团组织的活动,对提升身体素质有一定帮助。但在参加课余体育锻炼时,也会面临缺少相同兴趣的同伴、体育训练设施陈旧、专业场地面积偏小、缺乏专业人士指导等问题,导致学生课余锻炼的成效不理想。另外,在就业形势严峻、就业压力加大的大环境下,越来越多的学生利用课余时间准备考研,几乎没有时间参加体育锻炼,也是造成学生体质健康水平下降的原因之一。

3.对体育课的重视程度

体育课是高校学生参加体育锻炼,提高身体素质,养成运动习惯的主要途径。在各方的关注下,高校体育课的开展日益规范,但部分学生对体育课的重视程度不够,未能利用好这一机会提升自己的身体素质。例如,学生对体育锻炼方法的重视程度不足,未能严格按照体育教师的要求做出规范动作,在体育训练中经常会因为动作不规范、不标准而出现受伤的情况。从学习动机上分析，虽然高校开设公共体育课程的目的是让学生养成运动的习惯、具备强健的体魄，但受应试教育的影响，取得学分成为大多数学生的主要动机。受此影响，高校体育教学不利于让学生保持对体育课的热情，一旦体育课结束，大部分学生不再进行体育锻炼。没有对体育课程形成正确的、科学的认识，成为学生体质健康水平不高的又一个重要原因。

（二）学校因素

1.学校对高校学生体质健康的重视程度

高校学生体质健康水平不仅关乎学生自身利益，而且间接地反映了高校的体育教学水平和综合办学实力。如果高校对学生体质健康给予了高度重视，将会从制度、资金、场地、教师等多方面给予充分的支持，为促进学生体质健康创设良好的校园氛围。相比之下，如果高校将重心放在学生的专业实训、就业率等方面，对体质健康缺乏足够重视，在资金投入、师资配备、场地建设等方面也会出现问题，不利于学生体质健康水平的提升。国内一些高校会设立专项资金用于发展体育事业，提升学生身体素质，这些资金除了用于购置新的体育器械、修缮既有的运动场馆外，还会支持校园内各类体育赛事。①一方面，提高了校园体育赛事的热度，吸引更多的学生参加比赛，并为了在比赛中获得优异成绩而注重日常的训练；另一方面，也能营造浓厚的校园体育文化氛围，让学生逐步利用课余时间养成体育运动的习惯，间接地促进了学生的体质健康。

2.体育课上身体素质训练的频率

体育教师对高校学生体质健康水平的关注度，会直接反映在日常的体育教学中。当体育教师将增强学生身体素质作为主要教学目标时，在体育教学中会有意识地安排一些身体素质训练内容，让学生不仅学习运动知识、掌握运动技能，而且在训练过程中潜移默化地实现身体素质的提升。从调查情况来看，高校体育教师在体育课上开展身体素质训练的频率并不高，具体原因可归结为两类：其一是教学任务重、教学时间紧，这种情况下，体育教师为了能够顺利完成教学任务，压缩了身体素质训练的时长；

①王小梅，王雅倩．延安大学学生体质健康测试影响因素调查[J]．延安大学学报(自然科学版)，2021，40(04)：113—116.

其二是学生的身体素质参差不齐，有的学生喜欢足球、篮球等体育运动，身体素质较好，而有的学生身体素质较差，如果体育教师没有关注个体差异，采用相同的训练方法，可能会因为训练强度过大而发生安全事故。

3.学校运动场地的提供情况

高校学生体质健康水平与高校运动场地、体育器材的配置有密切关系。如果高校有各类的室内和室外场馆，并提供不同类型的训练器材，能够满足学生多样化的体育训练诉求，就可以激发学生的运动热情，从而达到增强身体素质、养成良好运动习惯的效果。目前来看，高校近年来不断增加资金投入，运动场地的规模呈现出增长趋势，为学生参加体育训练提供了有利条件。现阶段，高校运动场地面临的问题主要有两方面：第一，现有的体育场地多为室外露天场地，一旦遇到雨、雪、大风等天气，不适合学生在户外进行体育训练，会打击学生参加体育运动的热情，高校需要提供更多室内运动场地；第二，现有的体育器材老旧，更新替换不及时，在学生运动过程中会存在一定的安全隐患。像单双杠之类的体育器材，存在生锈、松动等安全隐患，很多学生因为担心发生训练事故不敢使用。

（三）家庭因素

除了个人和学校方面的因素外，家庭教育理念也是决定高校学生体质健康水平的重要因素。特别是在就业形势不容乐观的环境下，家长更加关注学生的学业情况，而对于体育锻炼、身体素质没有给予相应的重视。受到家庭教育观念的影响，学生在潜意识中轻视体育锻炼和体质健康的重要性，将掌握专业技能、顺利找到满意工作当成主要目标。在这种观念和意识的支配下，学生会有意识地减少课余时间的运动量，将更多的时间放在专业学习、实训实习等方面，不利于个人体质健康水平的提升。

二、体能训练的概念与特点

（一）体能训练的概念

体能训练是一种综合性、系统性的训练过程，它旨在通过一系列科学、合理、有针对性的训练方法，全面提高人体各部位、各器官系统的功能，进而提升身体的基本运动能力。这些基本运动能力包括力量、速度、耐力、灵敏性、柔韧性等，它们是评价个体体能水平的重要指标。

体能训练注重身体各素质之间的协调发展，强调整体性的提升。它不单单关注单一的身体素质训练，而是将各种素质训练有机地结合起来，通过科学的训练安排，可以使身体各部位、各器官系统得到全面的锻炼和发展。

（二）体能训练的特点

1.多样性

从有氧运动到力量训练，从柔韧性训练到协调性练习，体能训练囊括了身体各部位、各系统的功能提升。这种多样性不仅有助于增强个体的肌肉力量、心肺功能、灵敏性和柔韧性，还能有效避免单一训练方式带来的枯燥和过度适应。通过多样化的训练，个体能够全面提升身体素质，更好地应对各种运动和生活场景。

2.高强度

通过增加训练负荷、重复次数和难度，体能训练能够充分挑战身体的极限，促进身体各部位和系统的功能性提升。这种高强度的训练方式有助于激发身体的潜能，使个体在力量和耐力等方面取得显著的进步。同时，高强度训练还能增强个体的意志品质和抗压能力，培养坚韧不拔的精神风貌。

3.可变性

体能训练强调训练过程中的变化和调整，以避免身体过度适应，保持训练效果。通过不断地改变训练方式、负荷和频率，体能训练能够持续激发身体的适应性，实现更好的训练效果。这种可变性不仅有助于避免训练中的单调和枯燥，还能使个体在适应不同训练刺激的过程中，不断提高自身的适应能力和反应速度。同时，可变性的训练方式还能帮助个体发现自身的不足和潜力，为进一步的训练和发展提供有力支持。

4.高效性

在忙碌的现代生活中，人们往往难以抽出大量时间进行运动锻炼。而体能训练则能在较短的时间内获得较好的训练效果，使个体在有限的时间内实现身体素质的全面提升。通过科学合理地安排训练计划和训练强度，体能训练能够在短时间内充分刺激身体各部位和系统，促进身体的全面发展。这种高效性的训练方式不仅节省了个体的时间和精力，还能带来显著的健康效益,使个体在快节奏的生活中保持良好的身心状态。

三、体能训练对高校学生体质健康的意义与作用

(一)积极影响与意义

社会的不断发展与进步也影响着高校学生的生活方式。比如,长时间久坐、熬夜、不健康的饮食等,让学生运动能力欠缺的同时,还会腐蚀学生的身体。体能训练可以帮助学生提升体质,并形成良好的生活方式。因此,积极的体育锻炼与体能训练对学生体质健康有着积极的作用与意义。

体能训练对学生体质健康的影响和帮助主要表现在两个方面。首先是生理方面的影响。体能训练能够增强学生体质,让其拥有一个强大的体魄去面对学习和生活;体能训练还能够帮助学生抵御疾病,让学生的生活更加健康,免受疾病困扰;通过体能训练,让学生形成锻炼意识和健康的生活方式,帮助学生更好地面对学业和生活。其次是心理方面的影响。体能训练能够在不断的运动中调节情绪。规律而充实的体能训练能够帮助学生形成健康的生活方式,减少负面情绪和作息对学生的心理影响,且能够通过体能训练建立自信心,提升自我价值,帮助学生培养坚强、不畏困难的品德。

(二)体能训练的作用与优势

体能训练是通过科学合理的体育锻炼和动作达到有效运动的目的。体能训练的好处有以下几个方面。

1.促进全身肌肉发达,增长力量

人体运动器官包含了肌肉、骨骼、关节、韧带等,这些器官可以支持人们进行各种复杂而精细的运动。体能训练就是对运动的有机调节和改善,通过力量训练、针对性的部位训练等,增强体质,促进全身肌肉发达,减少脂肪含量,消除肥胖。

2.改善体态,矫正体型

身体的美感可以通过体能训练获得。人们的行为举止、站姿坐姿等都影响着高校学生的形象与观感。长期的不良体态可能会导致学生身体健康受到影响。因此,体能训练通过改善学生体态,让其有良好形象的同时,解决身体问题,提升自信心。

3.增进健康,增强体质

经常进行体能训练能够帮助高校学生提高身体的营养水平、代谢水平和增强身体的抵抗力。同时,对心血管、呼吸系统、消化系统等都有积极影响。在体能训练时,肌肉需要消耗大量的营养物质,因此学生能够通过良好的营养摄入应对这种消耗,久而久之就会形成健康的饮食习惯。同时,肌肉活动能够促进肠胃蠕动,让新陈代谢变快,形成良好的作息与习惯,提高身体机能。

在通过体能训练改善高校学生体质健康时,需要注意以下两个方面。其一,根据学生的体质选择训练方式。高校学生的骨骼、肌肉、心血管系统已经发育完成,在进行体能训练时,需要根据学生的体质和具体身体状况选择训练方式,以强化学生体质为目的,通过体能训练,帮助学生打造更加健康的身体。其二,科学设置体能训练。高校生的体能训练最终目的是改善学生的身体状态,因此在进行体能训练内容设计时,需要以此为目的,通过形体打造、体态改善、体质增强的运动训练项目,让学生能够实实在在看到锻炼的效果,从而增强自信,提升对体能训练的信心。

第五节　高校体育科学训练的要素

一、科学训练的概念界定

科学的目的是揭示客观事物存在的现象及其规律,以科学为指导是各行各业实现发展进步的源泉。

当前,随着现代体育竞技运动的发展和“健康中国、体育强国”理念在社会的广泛弘扬,体育训练领域的学者对科学训练的研究在进一步加深,各种科学训练的方式、方法开始涌现,改变了传统以经验为主的体育训练模式,极大地提升了体育训练效果。然而,体育训练理论界对于何谓“科学训练”存在多维度、多视角的阐述,未能达成共识。因此,要正确把握科学训练的内涵,必须从以下几个方面来进行把握。

首先,科学训练的核心是探索和创新。科学发展的过程即是探索的过程、实践的过程、创新的过程、突破的过程。探索性和创新性是科学的两大特性，这是科学活动区别于其他活动的本质所在。对于科学训练而言，其本质就是通过探索来揭示体育训练的规律，以体育训练规律为指导，对传统的训练模式进行扬弃，进而创新出更符合人体发展的体育训练理论、方法和手段。比方说，为什么我国的乒乓球运动能够在世界保持领先水平？这就是科学训练保持领先地位的结果，包括理论、技术、训练模式等层面，最终确保该项运动的长盛不衰。可见，探索和创新是体育运动项目保持高位发展的核心，科学创新就是以新代旧的过程。科学训练的本质不是归纳和总结，而是探索和创新，以突破原有模式的魄力来实现最佳的训练效果，这是科学训练理论中最具生命力的部分。

其次，科学训练的原则是实事求是。实事求是，即是按照事物发展的客观规律来办事。科学训练以科学原理、客观规律为依据，最终获取最大的训练效果。科学训练遵循人体解剖学、人体生理学、遗传学、体育训练学等相关理论，并把人体发展规律、人的经验认识规律、训练适应规律等涵盖其中，把科学训练中内在的、本质的、必然的联系进行了整体、宏观的把握，进而指导实践，使体育运动训练披上了科学的色彩。

最后，科学训练的方法是理论与技术相结合。现代科技的发展为体育训练提供了大量训练辅助工具，将这些技术应用于体育训练中，可以为探索训练规律、创造训练方法提供有利的条件。然而，是否配齐了先进的科学训练技术工具就一定能达到体育训练的最佳效果呢？事实并非如此。近年来，一些体育运动员借助先进训练工具而出现身体损失的案例比比皆是，究其原因，在于其没有掌握科学训练理论，科学技术工具仅仅是科学训练的外部特征，却并不是科学训练的核心，唯有将科学训练理论与科学技术工具相结合，才能提升训练效果。

综上所述，科学训练就是在坚持实事求是的基础上，以科学原理和客观规律为依据，结合科学训练理论和现代技术工具，不断探索，揭示训练规律，并应用于体育训练实践，进而实现体育训练理论的创新，再去指导体育训练实践的过程。

二、关于科学训练若干理论问题的认识和梳理

科学训练以科学技术理论为依据，以科学辅助技术为载体，进行运动

训练理念、手段、方法和模式的改革与创新，是近代以来对传统以经验摸索或简单模仿体育训练方式反思和创新的结果，有助于提升体育训练的科学含量。然而，在推动科学训练的实践中，必须要梳理好以下几个方面的理论问题。

（一）科学训练与大负荷运动之间的关系问题

“三从一大”训练原则是我国体育事业理论与实践经验的科学总结，能够最大限度地提高运动员的竞技能力。[①]何谓“三从一大”呢？即从难、从严、从实战出发，坚持大运动量训练。在此科学训练原则指导下，我国竞技体育项目成绩提升较快。然而，随着科学训练理论的发展，我国开始对“一大”即“大运动量训练”展开反思，即坚持大负荷运动量是否符合人体发展规律和科学训练规律。实事求是地讲，片面追求大负荷运动量是与科学训练相背离的。例如，很多运动员退役之后，留下了较多的体育运动损伤，有的运动员甚至生活不能自理，这与大负荷运动量不无关系。因此，从科学训练的角度来看，应该坚持科学发展观，实现运动负荷的适度、适宜和合理。科学训练是大运动量负荷训练的基础，没有科学训练便没有大运动量负荷训练。对于那些认为“运动负荷越大训练越科学”以及“运动负荷越小训练越科学”的观点，都不应该赞同，负荷越大，体能消耗越大，就越容易造成运动损伤，“过犹不及”就是这样的道理；负荷越小，如蜻蜓点水，则达不到训练的效果。对此，科学训练就是要求运动员在负荷极限水平上开展合理的训练，进而不断积累“生物能量”，以期在体育竞赛中得到高水平发挥。

（二）科学训练与经验训练的关系

经验主义是一种认识论学说，强调感性认识在人类认识中的作用，与理性主义相对立，经验主义有其特定的存在价值，从体育训练角度看，正是训练经验的不断积累，经过加工、分析、总结，进而转化为科学训练。所以说，训练经验的积累过程是科学训练的探索过程。众所周知，诸如足球、篮球等现代体育竞技项目需要以联赛的形式来开展，究其原因，在于运动员在比赛过程中能够对某些技术动作、战术安排等在大脑中留下一种痕迹，此之为潜知，潜知积累得越多，越有助于激发运动员的潜能，经验丰

①李培源．运动训练理论发展历程审视[J]．当代体育科技，2020，10(18)：74—75.

富了，对体育比赛的判别、想象就会增加。在体育训练中也一样，需要运动员从大量的偶然现象中积累训练经验，并慢慢发现其中的规律，探索其中的奥秘，进而指导实践，反复探索，反复实践，甚至是试错，最终上升为理论。实质上，一些运动员对于自身的训练负荷具有非常高的感知能力，能够保持在个体训练的临界点上，并在比赛中得到高水平发挥，其实就是善于对个体训练经验的总结，能够凭借积累的经验指导训练，最终达到“八九不离十”的训练效果。因此，科学训练与经验训练并不对立，要善于从训练经验中找出共性的东西，使其上升为科学训练。

（三）科学训练与运动训练科学化的关系

科学训练是相对于反科学训练和伪科学训练而言的，体现了现代运动训练的实践走向。运动训练科学化是科学训练最为理想的状态。从系统论的角度来看，运动训练科学化是一个系统的概念，亦即用科学的理论、方法和技术对运动训练过程实施控制，进而发挥科学训练的整体效应。运动训练科学化至少包括以下内容：一是对运动员训练周期的控制要高度精准；二是对训练工作的细节要科学控制；三是要具备厚实的训练经验；四是把握体育竞技项目的制胜规律。可见，要取得高水平运动成绩，需要坚持运动训练科学化。必须看到，运动训练科学化作为一项系统工程，还包括科学选材、运动训练目标体系的构建、训练组织的安排与控制、运动恢复、科学检测等内容，甚至还与家庭、社会、学校等环境发生关系。所以说，运动训练科学化的本质是加大运动训练的智慧投入，以提升训练科学含量。以科学选材为例，要善于观察对象的遗传基因、身体条件、心理素质和运动技术等方面，还要观察对象的运动欲望、家庭因素等，在科学训练的基础上进行综合评定，这才是一种对科学负责任的态度。

三、科学训练应用于高校学生体育训练的实践

当代高校学生是新时代中国特色社会主义的践行者、建设者，其身体素质直接关乎国家的未来。近年来，高校学生体质健康状况令人担忧。高校学生体质健康整体下降趋势尚未得到根本性转变。高校学生体质下降有两个重要原因：一是学生参与体育训练的时间过少，大量的时间被网络所占据，熬夜现象突出，体质被过度消耗；二是学生开展体育训练的方法

不够科学，没有掌握科学训练的理论、方法和技巧，以至于难以达到训练的效果。对此，必须将科学训练理论应用于高校学生体育训练中，以指导其开展科学训练，为其增强体质健康保驾护航。

（一）把握科学训练规律，引导学生开展适度训练

针对高校学生课余训练时间少的问题，高校学生体育训练需要把体育课充分利用起来，在完成体育教学任务之后，规避学生游戏玩闹的时间，增加学生体育训练的时间。针对学生当前的身体发展规律，把科学训练理论嵌入其中，针对学生身体素质的短板，开展有针对性的训练。比如，学生心肺功能、心肌能力低下是当前的常态，教师就要有针对性地开展长跑训练、引体向上训练等训练的规律和技巧并向学生进行讲解，在确保学生懂得科学训练方法的前提下开展训练。在训练过程中，教师要保证学生训练适度、合理，避免大负荷运动量造成运动损伤，引导学生开展适度训练、多样化项目训练，增强体育训练的乐趣。

（二）讲解科学训练技巧，引导学生开展高效训练

科学训练有其特定的方法，对于高校教师而言，在大量体育训练中，必然能积累大量的训练经验。在指导学生开展体育训练时，体育教师要向学生讲解科学训练技巧。比如，在学生学习投掷实心球时，一些学生往往用完了全身的力气却难以达到理想的效果，这时教师就要在旁边进行观察，看其投掷的抛物线是否太平，假使如此，就要对学生讲解斜抛运动原理，并放置观察物，使其掌握动作要领，引导学生在训练时把握最佳时机。同样，在其他项目训练时，教师必须要注重对学生身体柔韧性、力量性和协调性的训练，使其能够掌握各个体育项目的动作和技术，感觉学有所获、学有所成，最终激发参与体育训练的内生动力。

总之，科学训练理论具有探索性和创造性的特性，科学训练理论的运用，是对传统以经验模仿为主的训练模式的扬弃，其更加注重科学技术与训练原理的结合、科学训练理论与实践训练方法的结合。高校学生作为新时代中国特色社会主义的建设者、接班人，其体质健康状况直接关系着国家的希望、民族的未来，这就要求学生必须开展体育训练，把科学训练理论和方法嵌入到体育训练之中，最终实现运动训练科学化的宏伟目标。

第二章　高校体育教学理念及实践

第一节　以人为本

一、“以人为本”理念概述

以人为本，即把人类的生存作为根本；或者，把人当作社会活动的成功资本。以人为本，不仅主张人是发展的根本目的，回答了为什么发展、发展“为了谁”的问题；而且主张人是发展的根本动力，回答了怎样发展、发展“依靠谁”的问题。“为了谁”和“依靠谁”是分不开的。人是发展的根本目的，也是发展的根本动力，一切为了人，一切依靠人，二者的统一构成以人为本的完整内容。而“以人为本”的视角即从以人为本位价值观的角度去看待、解读现象和问题，一切都围绕促进人的全面发展。

以人为本的科学内涵还需从“人”这一概念进行论述才能得到有效阐释。西方早期的以人为本理念最早是为了消灭神性，并展开了对由苏格拉底和柏拉图奠定的西方哲学人性和神性特征的学术批判，直到马克思提出“人类本质”之后才真正消灭了西方哲学中人的神性。而我国历史上的以人为本理念则是强调人贵于物，比如《论语》中的“天地万物，唯人为贵”，《尚书》里的“惟天地万物之母，惟人万物之灵”以及荀子说人“最为天下贵”等论断都是相对于物本理念而提出的以人为本理念。

以人为本理念中“本”这一概念有两层哲学意义，一为世界的本源，可理解为我国古典哲学中的“道”，二为事物的根本，两种意义仍然是在探讨神性、人性、物性的关系。而“以人为本”的“本”并非指代“本源”，而是“根本”的意思，即“本末倒置”中的“本”一字。以人为本理念的“本”属于哲学价值论的范畴，摒弃了第一性与第二性的问题，认为在真实的世界中，以人为本更值得我们关注，而非虚构的神灵或资本主义的生产物，比如我国的谚语“百年大计，教育为本”中的“本”便是从“根本”这一层面来理解以人为本理念的。

近年来，我国在教育改革中高度重视以人为本理念的落实，强调在教学过程中要充分尊重学生的主体性，将学生放在教学的核心地位，力求学生全面发展，提高学生的综合素质。高校体育教学同样要落实以人为本的理念，将素质教育作为体育教育的重要目标，要充分考虑学生的身心发展需求，让学生在体育学习上有更多的自主性和选择性，通过对学生的有效引导，积极融合体育的教育功能与社会功能，为学生创造良好的体育氛围，培养学生的体育兴趣和体育习惯。既要充分发挥体育对学生身体健康的促进作用，又要发挥体育对学生心理和精神的培养作用，让学生能够通过参与体育活动，获得更和谐的身心，为社会建设作出更大的贡献。①

二、以人为本理念下高校体育改革的必要性

（一）对于促进学生发展的必要性

以人为本理念下，高校体育改革对于促进学生发展具有重要的意义，主要体现在以下几个方面。第一，关注学生个体差异。每个学生都具有独特的兴趣、能力和特长。以人为本的体育改革将关注学生的个体差异，设计多样化的体育课程和活动，充分满足学生个性化的需求，激发学生的学习兴趣和动力。第二，促进综合素质发展。高校体育不仅仅是培养学生的运动技能，更重要的是培养学生的综合素质。以人为本的体育改革注重培养学生的身心健康、团队协作能力、领导才能、创新思维等，帮助学生全面发展，为他们未来的职业发展和社会参与提供坚实基础。第三，培养健康生活方式。体育改革以人为本，注重培养学生健康的生活方式。通过体育教育，学生将学习到正确的锻炼方法和生活习惯，提高身体素质，预防疾病，养成健康的生活习惯，提升生活质量。第四，培养社会责任感。以人为本的体育改革不仅关注学生个人发展，也注重培养学生的社会责任感。通过参与体育竞赛、志愿者服务等活动，学生将学习到团队合作、互助友爱等价值观念，培养社会责任感和公民意识，成为有益于社会的公民。总之，以人为本的高校体育改革对于促进学生发展具有重要的作用。其关注

①赵晓峰．浅析新时代我国高校体育教育改革现状及发展对策[J]．数据，2022(09)：167—169.

学生个体差异，培养学生的综合素质，促进健康生活方式，培养社会责任感，为学生的全面发展和未来的成功打下坚实基础。

（二）对于高校教育事业建设的必要性

高校体育改革对于高校教育事业建设产生的作用是多方面的。首先，在教学资源配置方面，高校体育改革将关注学生的个体差异和需求，需要通过优化教学资源的配置，提供多样化的体育课程和活动，满足学生个性化的学习需求，从而提高教学效果和学生参与度。以人为本的体育改革要求教师具备更多的教学方法和手段，能够灵活应对学生的不同需求。高校需要通过教师培训和专业发展计划，提升教师的专业能力，使其能够更好地引导和指导学生的学习。其次，高校体育改革注重学生的全面发展和个性化需求，需要建立科学有效的学生评价和反馈机制，及时了解学生的学习状况和需求，为学生提供个性化的教学服务和支持，以人为本的体育改革需要高校引入科技手段，如信息化管理系统、智能设备等，提升管理效能，优化资源分配，提供更好的教学环境和服务。最后，高校体育改革注重健康教育，需要建立健康教育体系，整合相关资源，制定健康教育政策和规划，确保学生能够全面接受健康教育，形成良好的健康行为和生活方式。总之，以人为本理念下的高校体育改革对于高校教育事业管理具有重要的作用。它需要优化教学资源配置，提升教师专业能力，加强学生评价和反馈机制，引入科技手段提升管理效能，建立健康教育体系，以推动高校教育事业的发展，提升教育管理的质量和效能。

三、以人为本理念下高校体育教学存在的问题

（一）体育教学理念落后

高校体育教学存在的问题中，体育教学理念落后是一个重要的内容，部分高校体育教学过于注重竞技和成绩，忽视了体育教育的健康目标。首先，学校倾向于培养优秀运动员参与比赛，而忽略了其他学生身心健康的需求，甚至在教学中，仍然采用传统的课堂教学方式，缺乏足够的互动和实践环节。学生在被动接受知识的同时，缺乏实践锻炼的机会。其次，体育教学理念落后的一个表现是缺乏个性化教学。学校未能充分关注学生的个体差异和兴趣特长，无法满足不同学生的学习需求，导致教学效果不

佳，一些高校体育教学过于注重运动技能的培养，忽视了学生的综合素质培养，体育教育应当在培养身体素质的同时，注重培养学生的创新能力、团队合作能力和领导才能。最后，学校在体育教学中未能充分利用智能设备、数据分析等科技手段，限制了教学效果和学生学习体验的提升。

（二）高校体育教学形式和内容创新不足

在以人为本理念下，高校体育教学存在的问题之一是形式创新不足。传统的高校体育教学往往以单一的课堂讲授形式为主，缺乏多样化的教学方式。这种形式的不足导致学生对体育教学的兴趣和参与度不高，影响了教学效果。另一个问题是内容创新不足。高校体育教学的内容往往停留在基本的体育知识和技能的传授上，忽视了培养学生的综合素质和能力。现代社会对高校毕业生的要求已经不再局限于专业知识，而是更加强调综合能力的培养。因此，高校体育教学需要更加注重培养学生的团队协作能力、领导能力、创新能力等综合素质。

（三）教学评价片面强调技能量化

在以人为本理念下，高校体育教学评价存在片面强调技能量化的问题，传统的教学评价往往过于注重学生在技能方面的表现，忽视了学生在其他综合素质和能力上的发展。这种片面强调技能量化的评价方式，会导致教学过程中只关注学生的技术水平和成绩，而忽略了对学生的综合素质和能力的培养。高校体育教学的目标应该是培养学生的身心健康、团队协作能力、领导能力等综合素质，而不仅仅是追求技能的提高。为解决这个问题，高校体育教学需要改变评价方式，将重点从技能量化转移到综合素质和能力的评价上。可以引入多元化的评价手段，如综合考核、小组合作项目、反思报告等，全面评价学生在各个方面的发展情况。

四、以人为本理念下深化高校体育教学改革的对策

（一）创新高校体育教学思想，更新教学观念

在以人为本理念下，深化高校体育教学改革的对策之一是创新高校体育教学思想，更新教学观念。传统的体育教学往往重点在于向学生传授相关的知识和技能。然而在以人为本的视域下，高校应该将重点放在培养学生的综合素质和能力上。教师应该从知识的传授者转变为学生的引导者

和促进者，通过激发学生的兴趣和发展他们的能力，培养他们的团队协作、领导能力等。每个学生都有自己独特的兴趣、特长和发展潜力。因此，高校体育教学应该注重个性化教学，根据学生的不同需求和特点，灵活调整教学内容和方法。教师可以提供多样化的选修课程和活动，让学生根据自己的兴趣选择参与，并通过个别辅导和指导，帮助他们实现个人发展目标。高校体育教学应该与其他学科进行有机整合，促进跨学科教育的发展。体育教学可以结合心理学、管理学、营养学等相关学科，帮助学生全面理解和应用所学知识。这样可以提高教学内容的丰富性和实用性，培养学生的综合能力。高校体育教学应该积极探索和推广创新的教学方法。例如，引入技术手段，如虚拟现实、增强现实等，提供更丰富的教学体验；采用案例教学、团队合作等教学方法，培养学生的问题解决能力和团队协作精神。总之，以人为本理念下，深化高校体育教学改革的对策之一是创新高校体育教学思想，更新教学观念。通过强调能力培养、个性化教学、跨学科整合和推广创新教学方法，可以更好地满足学生的需求，促进他们全面发展。

（二）采取多元化教学模式，及时拓展教学内容的深度和广度

采取多元化教学模式，及时拓展教学内容的深度和广度是在以人为本理念下深化高校体育教学改革的重要对策。第一，探索多样化教学方法。除了传统的课堂讲授，可以引入案例分析、小组讨论、实践操作、角色扮演等多种教学方法。通过不同的教学方式，满足学生的不同学习需求和兴趣，激发他们的学习动力。第二，创设多样化教学环境。为了提供更丰富的教学体验，可以利用现代科技手段，如虚拟现实、增强现实等技术，创设沉浸式的教学环境。同时还可以利用校园场地和设施，开展户外教学活动，让学生亲身体验体育运动的乐趣。第三，拓展教学内容的深度和广度。除了传统的体育知识和技能，还应该拓展教学内容的深度和广度。可以引入体育心理学、运动营养学、运动生理学等相关领域的知识，帮助学生更全面地了解和掌握体育科学的基础知识。第四，引入实践性教学活动。为了提高学生的实践能力，可以开展实践性教学活动，如体育比赛、项目设计、社区服务等。这样可以让学生将所学的理论知识应用到实际中，培养他们的创新能力和解决问题的能力。第五，不断更新教学内容。

随着社会的发展和变化，高校体育教学内容也需要不断更新。教师应密切关注最新的体育科研成果和社会需求，及时调整和更新教学内容，确保与时俱进。

（三）改变传统教学评价方式，注重综合性的教学评价

在当前时代背景下，高校不能仅仅依靠传统的考试和测验来评价学生的学习成绩，还必须引入其他多元化的评价方式，将评价指标从单一的技能量化转变为综合性的评价指标。除了关注学生的技能水平外，还应该关注其团队协作能力、创新能力、领导能力、问题解决能力、沟通能力等综合素质的发展情况。高校应该针对学生的个体差异和特点，采用个性化的评价方法。教师可以与学生进行定期面谈，了解他们的学习情况、困惑和需求，并根据个人发展目标给予针对性的建议和评价，及时向学生提供具体的反馈和指导，帮助他们了解自己的优势和不足，并提供改进的建议。教师可以通过面谈、评语、批注等方式与学生进行交流，确保综合评价的权威性和公正性，避免主观性评价的偏见，可以引入多位评价者参与评价过程，采用评价标准明确、公开透明的方式，确保评价结果的客观性和准确性。

第二节　健康第一

一、"健康第一"理念概述

健康概念的演化，从最初的无病状态，转变为涵盖身心和社会福祉的综合视角。在20世纪初期，健康被简单定义为无疾病或无残疾的状态。到了1948年，世界卫生组织重新将其定义，扩展为包括身体、心理和社会福祉的全方位健康。进入21世纪后，人们进一步意识到，健康不仅是个人的责任，也需要社会和政府的共同参与，同时开始强调精神和情绪健康的重要性。这一概念的发展反映了社会、科技进步和政策变化，对健康认识的持续深化与拓展。

1950年，针对体育教育的开展，毛泽东提出"健康第一、学习第二"的

主张。[①]后续随着高考制度逐渐恢复，民众的学习热情空前高涨，再加上学校为了进一步提高升学率，导致体育教育一度被人们所忽略，同时也阻碍了“健康第一”体育教育理念的落实。从1985年开始，我国每5年开展一次学生体质与健康调研。根据2019年第八次全国学生体质与健康调研结果发现，大学生身体素质在多个指标上呈现出下降的趋势。面对这一问题，1999年，《中共中央国务院关于深化教育改革全面推进素质教育的决定》指出，“学校教育要树立健康第一的指导思想，切实加强体育工作”。2020年，《关于全面加强和改进新时代学校体育工作的意见》指出，坚持“健康第一”教育理念，再次以文件的形式确认其在学校体育中的核心地位，标志着从概念提出到政策落实，“健康第一”教育理念已深入学校教育体系，与学校体育工作密切相关。

二、“健康第一”理念的优势

在体育教育中，“健康第一”教育理念的提出，本身有着非常多的优势，具体包括以下几点。

(一)进一步明确了体育教育核心目标

“健康第一”直指我国开展体育教育的核心目标，便是为了更好地维护学生的健康。身体是革命的本钱，无论是学习，还是革命，身体健康都是第一要素。“健康第一”的教育理念与当前教育功利性氛围形成了强烈的反差，更是对当前教育工作者的一种警醒，教育工作的开展，不应仅仅是为了升学率，而是要注重维护学生的身心健康，让学生能够长久保持健康的体魄以及积极快乐的生活，这才是教育的终极目的。

(二)提升了体育教育质量水平

体育学科与其他学科最大的不同之处在于，该学科不仅局限于理论知识层面，还更加注重体育技能的实践。但在传统体育教育模式下，依然受理论学科教学的影响，没有将学生的健康放在第一位，而是更加关注学生通过体育学习，掌握了多少种体育技能，能够取得何种成绩。这种体育教育理念显然是错误的，而“健康第一”教育理念的存在，则能够有效纠正体育教师这种错误的体育教育观念，更加关注学生的身体健康，让学生能够

①毛泽东．毛泽东书信选集[M]．北京：中央文献出版社，2003．

通过体育，不断提高自身的身体素质，这对整体体育教育质量水平的提升有着非常重要的帮助。

（三）激发了学生的体育学习兴趣

在传统的体育教育模式下，学生的主体地位无法得到充分彰显，多是跟随着教师的示范，反复模仿练习体育技术动作，难以感受到体育学习的乐趣。因此，很多学生认为体育学习是枯燥无趣的。虽然上述体育教学模式对学生的身体也能够起到一定的锻炼作用，但无法促进学生心理的发展。而在"健康第一"体育教育理念下，注重学生"身心健康"共同发展、共同进步，能够让学生达到真正意义上的健康。

三、高校体育教学中"健康第一"理念的实施

（一）内容架构

在高校体育教育中，针对"健康第一"体育教育理念的实施，首先需要明确其基本的内容架构，具体包括以下四点。

1.运动参与

该项体育教育理念内容主要体现在学生参与体育学习和锻炼的态度及行为方面，要求学生能够积极主动地参与到体育学习过程中，最终能够形成积极的体育行为和乐观开朗的人生态度。

2.运动技能

该项体育教育理念内容主要体现在学生在实际进行体育学习的过程中，能够完成运动技术动作的能力，同时也彰显了在"健康第一"的教育理念下，体育教学注重以身体练习为主要手段的特点，更有利于提高学生的身体健康。同时"健康第一"体育教育理念下的运动技能，对高校学生体育学习也提出了更高要求，不仅要求学生能够掌握相应的体育运动技能，提高自身的身体素质，同时还更加关注学生安全从事运动的能力以及体育运动意识的培养。

3.心理健康与社会适应

该项教育理念内容主要体现为学生是否具有健全的人格以及是否能够与社会和谐相处。在实际开展体育教育工作的过程中，要注重培养学生的自信心、坚强的意志品质、良好的体育道德等，同时引导学生掌握一些

调节心理情绪与人交往的方法,形成坚韧不拔的意志品质。

4. 身体健康

该内容是“健康第一”体育教育理念下最为基础的一项架构内容,主要体现为学生能够拥有良好的体能,且身体机能正常、精力充沛。注重通过加强体育锻炼,促进学生身体机能全面发展,促使学生环境适应能力得到有效增强。在此基础上,还能够主动关注自身健康,认识到营养、行为习惯和疾病预防对身体发育和健康的影响,能够自觉抵制各种危害健康的不良行为,最终形成健康生活方式,上述这些都是高校学生未来进入社会后必须要具备的基础能力素养。

(二)实施要点

1. 创设趣味体育教学内容,引导学生积极参与到体育运动过程中

在“健康第一”体育教育理念的指导下,针对高校体育教育的开展,必须要积极转变以往的体育教育观念,注重彰显学生的体育课堂主体地位,引导学生真正参与到体育运动中,达到“运动参与”教学目标。例如,在实际开展体育教学中,为了有效锻炼学生的体能,在引导学生进行下肢力量训练时,教师先进行简单的示范,引导学生尝试练习左右脚绕小圆垫单脚交替跳。在学生逐渐熟悉了动作要领后,为了避免引起烦躁情绪,引导学生积极主动地进行后续的体育运动训练。教师可以引入“串门趣味体育小游戏”,通过引导学生以“家”为出发点,采用单脚跳与双脚跳的方式,先跨过其他人的“家”。通过反复跳跃练习后,再跳回到自己的“家”。采用趣味游戏体能训练的方式,既能够有效训练学生的体能,还能够消解体育运动练习的枯燥性,激发学生的体育学习兴趣,进而积极参与到体育运动学习中。

2. 加强体育运动技能教学创新,引导学生熟练掌握运动技能要领

针对“健康第一”体育教育理念在高校体育教育中的实施,还应注重引导学生熟练掌握及运用相关的体育运动技能。为了进一步提高学生体育运动技能学习的效果,教师可以加强高校体育运动技能教学模式创新,如可以在高校体育教育中引入体育运动教育模式。该教育模式与传统体育教育模式相比,更加注重学生体育运动技能的实践培养,主张凸显体育运动教学内容的趣味性,一方面注重吸引学生主动参与;另一方面注重学生

能够通过运动竞技的方式真正参与到体育运动技能训练中，因此更有利于学生体育运动技能的掌握。同时，在具体实践方面，应注重做到以下几点。

第一，体育教师应提高对课堂常规构建的重视，课堂常规内容要求教师要先了解高校学生所在班级的基本情况，如男女性别比例、对体育学习兴趣的个体差异、是否有特殊学生等。在此基础上，还应向学生介绍运动体育教学模式的特点，端正学生的学习行为态度，共同营造出适合运动体育教学的氛围。

第二，科学合理地分组。这是开展运动体育教学模式的关键，其原因在于，在运动体育教学模式下，需要教师开展体育竞赛活动，以便锻炼学生的运动技能。因此，需要体育教师提前做好分组工作。在具体实践方面，教师可采用异质分组的方式，根据学生的体育能力、性别、性格差异等合理分组，分组后允许学生在以均衡分组为原则的基础上，进行适当的调整，为后续的运动竞赛做好充足的准备。

第三，合理控制竞赛激烈程度。在体育运动教育模式下，设置了“赛季”“竞赛”机制，目的是激发学生的运动动力，为学生提供一个真实的运动实践情境，有效培养学生的运动技能。但这也很容易导致学生出现运动损伤，因此高校体育教师应根据学生的身体状况、心理特点、运动水平等，合理控制竞赛激烈程度，以免学生在竞赛中受到伤害。

3.注重加强体育心理健康教育，引导学生形成正确的思想价值观

在“健康第一”体育教育理念下，针对高校体育教学，还应注重从德育层面出发，加强高校学生心理健康教育工作，真正实现高校学生身心健康共同发展。比如，在实际开展足球、篮球等团体性体育运动教学的过程中，教师除了注重运动技巧的教学外，还应开展一些比赛活动，让学生在比赛竞技中快速成长，培养高校学生坚韧不拔的品质，培养学生集体意识、团队合作精神以及“舍小家为大家”的无私奉献精神等。此外，高校教师也可以引导学生开展一些户外运动项目，如登山、越野跑等，从而在上述过程中，有效培养高校学生的团队意识、战略意识以及领导能力等。除此之外，针对高校体育教学的开展，教师还应提高对体育文化教育的重视，如利用新媒体力量，为高校学生播放一些体育纪录片，让高校学生通

过动态的视频，感受到我国体育运动健儿在为国争光的背后，所付出的超出常人的辛苦与努力，从而让高校学生认识体育文化，理解体育文化背后的思想道德观念，在潜移默化中实现体育德育教育的落实，成功塑造健康的心理。

4.注重提高体育教育评价合理性，促进学生体育能力素养全面发展

在高校体育教学中，针对“健康第一”教育理念的实施，还应将实施重点放在最终的体育教育评价方面。在传统的体育教学模式下，无论是体育学习评价内容，还是评价方式，均较为单一，无法全面彰显出学生的体育学习成果。基于此，为了能够对高校学生体育健康进行更全面、更合理的评估，应注重改善现有评价方式，提高体育学习评价的合理性。比如，在评价方式上，可以采用“平时表现+体能测试”的方式，将高校学生平时的体育学习态度、学习行为表现纳入其中，更好地彰显体育学习评价的公平性。此外，还应融入一些与体育健康相关的体育学习评价内容，如“体育心理素质评价”“重视体育意识”评价等，进而更好地体现出“健康第一”的教育价值。

第三节　终身体育

一、终身体育理念概述

（一）终身体育的内涵

在经济发展、生活水平提高和互联网深度融入学生生活的背景下，部分高校学生更依赖手机娱乐，忽视了体育运动，对身体健康产生了不利影响。为引导学生积极参与日常训练，高校体育教育应将终身体育的教育理念作为教学改革的指导思想。终身体育理念旨在鼓励学生将体育锻炼融入日常生活中，改善身体健康状况、提高体能水平并养成坚持体育锻炼的习惯。在这种教学理念的指导下，学生可以更好地平衡自己的学习与生活，提高身体素质和心理素质，为未来的发展奠定坚实的基础。教师可以据此进行课程改革，摒弃以成绩评判学生专业训练成果的固有模式，从综

合素养角度出发，提高学生对体育专业课程的投入程度。终身体育教育强调体育教育的连续性和长期性，关注学生在学校期间及走出学校后的体育活动。终身体育教育不仅可以提高学生的身体素质，而且可以培养良好的体育习惯和健康生活方式。

（二）终身体育的特点

1.终身性

终身体育强调人在生命不同阶段，持续参与体育活动，促进身心健康。其核心是培养终身学习、享受体育训练的过程，增强身体素质，提高技能水平，感受训练乐趣，积极参与体育活动。终身体育训练理念注重持久性培养，让学生认识到体育训练的目的不仅是为了比赛，而且要在未来保持对体育训练的热爱和关注。实践终身体育理念可帮助学生养成运动习惯，提高身体素质和心理素质，为自身的全面发展作出贡献。

2.多元化

终身体育具有多元化特征，每个人都可以根据自身的素质和兴趣选择适合自己的运动方式。学生可以选择竞技运动，如足球、篮球，也可以选择温和的健身活动，如瑜伽、太极等。学生会随着年龄和生活阶段变化调整运动选择。选择适合自己的运动项目有助于提高运动技能，增强自信心、端正态度，促进终身体育理念的发展。终身体育的多元化根据其本质属性推广，让每个人都能在运动中感受到乐趣和满足感，促进体育文化的普及和发展。

3.全民性

终身体育的主体不应仅限于职业运动员或其他少数群体，而应拓宽至广大社会大众。每一位身体健康、符合运动要求的公民都有权利参与体育活动，他们作为独立的个体，自发进行体育活动，不受场地设施、项目、时间的限制，主要目的是锻炼身体、预防疾病、保持身体健康。由此可见，终身体育具有全民性的特征。

4.开放性特点

随着人民群众生活水平的日益提高，越来越多的人开始注重体育锻炼，以此来保持身体健康，终身体育理念的普及使得广大群众开始重视体育、重视健康。从社会角度来看，人们逐渐将体育锻炼融入生活，除工作之外，人们会将体育锻炼作为放松的主要方式。从学校角度来看，国家更加重视对学生身体素质、体育素养的培养，践行"五育一体"，促进学生德、智、体、美、劳全面发展，以此来体现终身体育的开放性。

二、终身体育理念对我国大学体育教学的影响

培养体育精神和价值观。终身体育理念不仅关注体育锻炼的身体健康效益，还强调体育对人的精神和社会方面的影响。因此，大学体育教学应该注重培养学生的体育精神和价值观，如拼搏精神、团队精神和自律精神等。这些精神和价值观的培养帮助学生更好地参与社会活动和人际交往，促进他们的全面发展。

创新教学方式和方法。终身体育理念对大学体育教学的评价方式提出了新的要求，推动教师创新教学方式和方法。教师采用多元化的评价方式，全面了解学生的体育锻炼情况和进步程度。同时，教师还利用现代科技手段，如网络教学平台和智能设备等，提供更加灵活和多样化的学习方式和内容，帮助学生更好地掌握体育技能和知识，提高教学效果和学生学习兴趣。①

促进健康生活方式的培养。终身体育理念强调体育锻炼为健康生活的重要组成部分。在大学体育教学中，通过引导学生参与体育锻炼，帮助他们建立健康的生活方式，培养良好的生活习惯。例如，教师鼓励学生参加晨跑、瑜伽课程或参加体育俱乐部活动等，帮助学生培养规律的运动习惯，促进健康生活方式的培养。

推动大学体育教学改革和发展。终身体育理念对大学体育教学的评价方式提出了新的要求，推动大学体育教学的改革和发展。传统的教学评价通常以学生的技能水平和体能测试成绩为评价标准，而终身体育理念更注重学生的参与度、进步幅度和技能掌握程度等多方面因素的综合评价。因此，教师应该采用多元化的评价方式，全面了解学生的体育锻炼情况和进步程度。

①赵涵颖．终身体育视域下我国大学体育教学改革分析[J]．现代职业教育，2022(22):115—117.

三、终身体育理念下高校体育教学策略

(一)营造良好的体育课堂教学环境

在终身体育理念下,我国大学体育教学改革的首要任务之一是营造一个良好的体育课堂教学环境。这一环境的创造不仅有助于学生的身体健康和运动素养的提升,还培养学生终身体育思想,使他们在未来的生活中持续参与体育活动,享受运动带来的乐趣和好处。

首先,为了营造良好的体育课堂教学环境,需要提供适宜的体育设施和器材。大学应该投资建设现代化的体育馆、运动场地和健身房,确保学生有足够的场地和设备进行各种体育活动。这不仅能提高学生参与体育课程的积极性,还为他们提供锻炼的便利条件,鼓励他们终身参与体育运动。

其次,教育机构应该鼓励和支持多样化的体育课程和活动。不同的学生有不同的体育兴趣和需求,因此提供多种多样的体育课程和俱乐部活动是必要的。这包括传统的体育项目,如足球、篮球和乒乓球,也包括一些非传统的活动,如瑜伽、登山和舞蹈。这样每个学生都能找到适合自己的运动方式,培养终身参与的兴趣。另外,为了建立良好的体育课堂教学环境,教师的角色至关重要。教师应该具备丰富的体育知识和教育经验,能激发学生的兴趣,引导他们积极参与体育活动。教师还应该充分理解终身体育理念,将其融入教学内容和方法中,以培养学生持续锻炼的意识和习惯。

最后,营造良好的体育课堂教学环境还需要强调团队合作和公平竞争的价值观。体育不仅是个人锻炼的方式,还是社交互动的平台。学生应该被鼓励参与团队运动和比赛,学会合作、尊重对手,培养体育精神和团队协作能力。

(二)培养终身体育思想

在终身体育理念下,培养终身体育思想在我国大学体育教学改革中具有极为重要的地位。这一理念不仅有助于学生在大学阶段培养健康的生活方式,还将影响他们的一生,促使他们持续参与体育活动,享受身体健康和生活质量的提升。

首先,大学体育教学应该注重传授终身体育的思想。这包括向学生介绍体育对身体和心理健康的益处,以及体育活动如何融入日常生活。教师应该强调运动的乐趣和享受,而不仅仅是竞技和比赛。通过课堂教学,学生能理解体育是一种终身受益的生活方式,而不仅仅是大学时期的一门课程。

其次,培养终身体育思想需要注重学生的自我认知和自我管理能力。大学体育课程应该教授学生如何制订个人的健康和运动计划,如何设立合理的目标并持之以恒地坚持锻炼。这种自我管理的能力不仅有益于大学时期的体育活动,还将在学生的职业生涯和日常生活中发挥重要作用。另外,终身体育思想的培养也需要强调多样性和包容性。教育机构应该鼓励学生尝试不同类型的体育活动,以发现自己的兴趣和潜力。无论是传统的体育项目还是非传统的运动,都应该受到尊重和支持。体育教育不应该局限于特定人群或特定运动,而应该为每个学生提供机会。

最后,终身体育思想的培养需要建立正面的体育文化。学校应该鼓励学生积极参与体育活动,并将体育视为学校社交的一部分。举办各种体育赛事、康体活动和健康讲座,促使学生更深入地理解体育的重要性,并培养他们积极参与的态度。

(三)完善高校体育课程内容

在终身体育理念下,完善高校体育课程内容是我国大学体育教学改革的一个关键策略。这一策略的目的是确保体育课程更加贴合学生的需求,促使他们在大学期间培养健康的生活方式,并为未来的终身体育活动打下坚实的基础。

首先,高校体育课程应该更加多元化和灵活。传统的体育课程可能侧重于一些特定的项目,如篮球或足球。然而在终身体育理念的指导下,课程内容应该包括各种各样的体育活动,从有氧运动到力量训练,从团队运动到个人锻炼,以满足不同学生的兴趣和需求。这有助于激发学生的热情,让他们找到自己喜欢的体育方式。

其次,课程内容应该注重综合素养的培养。终身体育理念不仅是锻炼身体,还包括健康的饮食、心理素养和社交互动等方面。因此,体育课程涵盖这些内容,教导学生如何保持健康的生活方式,管理压力,与他人建立良好的关系。这种全面的素养培养将有助于学生在终身体育实践中更好地应对各种挑战。另外体育课程还应该强调运动技能的教育。不同体育项目需要不同的技能和技巧,这些技能帮助学生更好地享受体育活动。例如,教授正确的体育动作技巧和战术战略提高学生的运动水平,使他们在比赛中更有信心。此外体育课程内容还融入健康管理和运动科学方面的知识。学生学习如何制订个人健康计划,如何评估自己的健康状况,以及如何避免运动伤害。这将有助于他们更好地管理自己的健康,持续参与终身体育活动。

最后,体育课程的改革还需要强调个性化和参与度。学生应该有机会选择适合自己兴趣和能力水平的体育课程,并积极参与。教师采用互动性教学方法,激发学生的积极性,使他们更深入地参与到体育活动中。

(四)优化体育课堂教学模式

在终身体育理念下,优化大学体育课堂教学模式是一项重要的教育改革策略。这一策略的目标是提高体育教育的效果,培养学生持续参与体育活动的兴趣和习惯,使他们能在未来的生活中享受健康和快乐。

首先,优化体育课堂教学模式需要更注重学生的参与和互动。传统的体育课堂往往以教师为中心,学生被动接受知识和指导。然而在终身体育理念下,教学模式应该更加开放和互动。教师采用讨论、合作项目和小组活动等方式,激发学生的积极性,使他们更深入地参与到课程中。这有助于建立学生的自主学习能力和团队合作精神。

其次,体育课堂教学模式应该强调体验和实践。学生不仅应该理解体育知识,还应该亲自参与体育活动,实际运用所学。例如,通过实际参与各种体育项目和锻炼,学生更好地掌握技能和技巧。这种实践性的教学方法增强学生对体育的兴趣,让他们亲身体验体育的乐趣。另外体育课堂教学模式还应该注重个性化教学。不同学生有不同的体育兴趣和能力水平,因此教师应该根据学生的特点和需求提供个性化的指导和支持。通过定制化的课程设计、灵活的评估方式和个别辅导来实现。个性化教学能更好地满足学生的需求,激发他们的学习热情。另外,教师在体育课堂中应该担任更多的辅导和指导角色。除了传授知识和技能,教师还应该关注学生的身体状况、健康习惯和运动计划的制订。教师提供个性化的建议和指导，帮助学生更好地管理自己的健康和运动实践。

最后，终身体育理念下的体育课堂教学模式还应该强调体育精神的培养。教师传达体育的价值观，如公平竞争、团队合作、尊重对手和坚韧不拔，这些价值观不仅在课堂上有用，还将在学生的终身体育实践中发挥重要作用，促使他们成为更加全面和健康的个体。

（五）将终身体育贯穿教学全过程

终身体育教育不仅仅关注短期的身体健康，还注重学生在未来生活中持续参与体育活动的意愿和决心。学校通过让学生反思体育对他们生活的积极影响，以及如何将体育融入未来职业生涯和家庭生活中来培养这种意识。例如，学生制订个人的健康计划，设定长期的体育目标，并不断反思和调整这些目标以适应生活的不同阶段。

首先，为了让学生能终身受益，大学体育教育应该提供持续的教育和培训机会。这意味着学生在毕业后继续学习新的体育知识和技能。学校设立校友课程或提供在线培训，让校友们不断深化他们的体育兴趣和能力。

其次，终身体育教育不仅仅局限于校园内。学校积极与社区和家庭合作，共同推动终身体育理念的普及。例如，学校与当地体育俱乐部合作，提供学生和校友参加体育活动的机会。家庭也成为培养终身体育意识的重要场所，父母在家庭中树立健康生活方式的榜样，鼓励孩子参与体育活动。另外，终身体育教育融入跨学科的教育模式。学校鼓励跨学科合作，将体育知识与其他学科，如健康科学、心理学和营养学等结合起来。这有助于学生更全面地理解体育对整体健康的影响，以及如何将终身体育理念融入他们的生活。

最后，学校应积极倡导终身体育文化，使体育活动成为校园生活的一部分，并通过组织各种体育赛事、康体活动、健康讲座和社区合作来实现。学校还可设立体育奖励计划，鼓励学生和校友积极参与体育活动，以弘扬终身体育理念。

（六）建立高质量体育教学队伍

在终身体育理念的引领下，我国大学体育教学改革积极探索并逐步实施了一系列策略，建立高质量的体育教学队伍是其中的一项重要举措。这一策略在理论与实践中都得到了广泛的认可和积极的推动,为我国大学体育教育的持续改进与创新作出了积极贡献。高质量的体育教学队伍对培养具备终身体育素养的学生至关重要,教师承担着培养未来体育从业者、促进全民健身、推动国家体育事业发展等重要职责,因此需要具备出色的专业素养。

在实际操作中,我国大学体育教学改革策略采取了多重手段。第一,教师培训与提升。政府、高校和体育教育协会加大了对体育教育者的培训和提升力度。专业培训、研修班、国际交流等方式帮助体育教育者不断提高自身的教育水平和专业素养,使他们紧跟时代潮流。第二,科研与教学融合。鼓励体育教育者参与科研项目,将科研成果与教学实践相结合,有助于提升教育的科学性和实效性,同时也为学生提供了更丰富的学术资源。第三,国际合作与交流。积极推动与国际体育教育机构的合作与交流,引进国际先进的教育理念和方法。这不仅有助于提升我国体育教育的国际竞争力,还丰富了教育者的教学经验。第四,全面素质培养。体育教育者不仅传授体育技能,还要培养学生的领导能力、团队协作能力、体育伦理观念等,成为学生的健康引导者和生活导师。第五,师资队伍多元化。积极吸引不同背景和经验的体育教育者,以满足不同学生群体的需求,确保教育的包容性和平等性。这有助于更好地满足多元化的学生需求。

第四节 创新教育

一、创新教育理念概述

创新一词最早由美国经济学家约瑟夫·熊彼特在《经济发展理论》一书中提出,倡导将资源以不同方式进行组合,创造出新的价值。这种新组合有利于改良当时美国的经济发展状况,可使企业更好地适应时代发展形势与经济形势,拓宽企业家的战略思维,拓展企业的服务范围,全面提升企业的核心竞争力,可使企业长期处于优势地位。当前,我国对创新的认识程度逐渐加深，社会各领域逐渐形成共识，认为创新是思想与市场的最佳组合，是理论与实践有机融合的良好表现形式。

创新教育是顺应时代发展要求而产生的。20世纪80年代末，经济的迅速发展在社会上引发了一场改革风暴，教育改革作为政治经济改革的重要部分备受关注。世界各国开始立足未来时代要求的高度开展教育改革。就高等教育领域而言，各国改革重点均集中于如何使人才具备新时代社会所需要的关键能力，而这种能力集中体现为创新能力与实践能力。同时，高等教育领域学者与专家发现仅依靠传统教育无法有效培养这种能力，于是创新教育被提出且广受关注。

在我国，创新教育由创造教育、素质教育等衍生而来，强调培养学生的创新素质，并对素质教育进行了深化。根据我国教育界对创新教育的看法，创新教育将培养人的创新精神与创新能力作为基本的价值取向，且在实践过程中不断进行改革创新，以促进人的个性发展为目标，以开发人的创造潜能、弘扬人的主体精神、推动人的和谐发展为宗旨，其重点为培养具有创新能力与创业实践能力的创新型人才，推动教育教学活动紧跟社会发展步伐。创新教育已成为现代教育理念改革创新的新方向，也是教育改革的基本目标。

高校体育教学作为素质教育的关键一环，应持续深化教育改革，创新教育方法，从拓展体育课程内容资源、创新实践课程安排、优化人才培养方案、提高教学手段着手，对教育改革的整体化趋势进行分析，并从学校教育实际出发，将创新教育与高校体育教学进行整合，进一步促进教学改革与创新。树立“健康第一”的教育理念，激发学生的运动兴趣，培养学生体育锻炼的良好习惯，增强学生体能素质，培养健康意识，促进学生体能发展。高校作为培养适应社会主义现代化要求的高素质人才的园地，体育教学水平关系到学生体育意识的培养。高校学生无论生理特点还是心理特点都逐渐趋于成熟，这个时期体育核心素养的培养是学生终身进行身体锻炼和接受体育教育的关键时期，培养学生体育锻炼的意识、技能和习惯不仅能促进和提高学生的身体素质，使学生的主体地位得到最大限度地体现，有效发挥教师的主导作用，还能进一步提升学生全面素质，促进学生全面发展，提高其就业方面的核心竞争力，从而更好地适应社会发展要求。在高校体育教学活动中渗透创新教育理念时，高校教师必须转变思维，更新教学观念和教学方法，为高质量开展创新教育创造条件。

二、创新教育理念在高校体育教学中的实施原则

（一）以生为本原则

素质教育背景下，要求教师在进行教学时必须坚持“以生为本”的思想，尊重学生个体发展，这也是在教学中实施创新教育理念的一项根本要求，只有落实以生为本的教育理念，才能真正实现创新教育。高校体育教学的根本目的是培养与发展学生的综合能力，激活学生的思维，让学生自然而然地构建相应的知识体系，教学对象就是学生，学生也是高校教学工作的重要核心元素。因此，在创新教育理念下，高校体育教学必须以学生为主体，充分发挥学生的主体性，进而在教学中真正落实创新教育。

（二）引导启发原则

“启发式教学”本质上是教师激发、引导学生通过主动探求获取知识和经验的教学。近几年，引导启发式教学法受到广大师生的认可和青睐，运用这一教学方法不仅能够培养学生学习的主观能动性，让学生真正从被动接受知识转变为主动获取知识，还有助于开发学生的创造潜能，让教学精髓得到绽放。因此，为了更好地改善当前高校体育教学现状，在贯彻素质教育和创新教育理念时，高校体育教师应通过实施引导启发原则促使学生养成良好锻炼习惯，形成终身体育意识，从而增加学生参与体育运动的主动性。

（三）因材施教原则

在创新教育理念下，高校体育教师必然要采取一定的方式和手段才能使得教学活动正常进行。但无论采取怎样的方式和手段都要避免对现有的教学方法进行照搬照抄，只有提升高校体育教学的针对性和灵活性，才能增强教学的创新性和实效性。当前高校学生作为一个特殊的社会群体具有自身鲜明的心理特点，学生之间的个体差异非常大，因此在高校体育教学中落实创新教育时，教师应从学生已有的知识出发，让教学设计更符合学生的认知，同时考虑学生性格特征差异，有的放矢地进行有差别的教学，使每个学生都能扬长避短，获得最佳发展。针对不同学生特点采取相

应的教育策略，发挥学生的创造潜能，实现真正意义上的因材施教，让每一个学生都获得发展，进而实现高效课堂。

三、创新教育理念下高校体育教学策略

（一）创新高校体育教学观念

受应试教育影响，多数高校体育教师的教学理念、教学方法、教学习惯还停滞于传统模式上，不能用辩证的方法处理学生学习中情感、价值观、能力和知识之间的关系。因此，在新的教育改革形势下，高校体育教学要从转变观念入手，不仅要重视知识的形成过程，更要注重学生创新精神和实践能力的培养，从而提升学生体质体能，发挥体育教育在学生发展中的重要价值和功能。高校体育教师在设计教学方案、进行教学活动时，要加深对新教育理念的领悟，不断提升自身教学能力，充实个人教育思想理论素养，并将理论与实际结合，用辩证的观点看待过去的教学传统，实现从“应试教育”向“素质教育”的转轨，加强创新人才教育培养。在这一过程中，体育专业教师必须主动转变自身教学观念，坚持以帮助学生树立科学的创新意识、形成良好的体育精神与运动素养为目的，充分发挥言传身教的作用，引导学生找到适合自己的学习方法，强化对运动知识的掌握，进而促进学生全面发展。①

（二）创新高校体育教学方法

在高校体育教学活动中融入创新教育理念可有效改善课堂氛围，让学生更加积极地参与教学活动，将以往枯燥的机械性练习变得更具趣味性，为学生主动学习奠定基石，使学生从愿学到爱学和会学，使学生运动技能和体能水平得到进一步提高，获得理想的教学效果。例如，在篮球课教学中，体育教师在创新教育理念下，应考虑篮球运动的特点，培养学生的兴趣爱好，明确学习目的，端正学习态度，以生动有趣的教学方法吸引学生，使学生产生更强烈的求知欲。例如，将游戏化教学模式引入篮球教学过程当中，在学生获得正确的篮球理论知识和运动方法的同时，进一步提高学生的运动水平，激发他们的运动兴趣，使学生快乐学习，轻松掌握技能，培

①马中林．课证融合背景下高校体育教育专业学生上岗能力的培养——以体育教学方法的选择与运用为例[J]．体育视野，2022(09)：39—41．

养学生的创新精神和终身体育意识。在热身阶段,可通过抛球屡次击掌接球、原地左右手交换运球、高运球、低运球、双手传拨球等形式使学生热身收心。在游戏环节可将学生分成四组,分别在四个圆圈里,要求学生把丝巾一半放在背后裤子里面,一半露出来当作自己的尾巴,一边运球一边去抓别人的小尾巴,假设小尾巴被抓走了,还可以继续游戏,去抓别人的尾巴,直到教师吹哨表示游戏完毕,此时尾巴和球都还在就算胜出。在游戏环节中,不仅能有效提高学生的运球才能和控球才能,做到一心二用,还能激发学生学习热情,使学生篮球技能获得提升。

(三)创新高校体育课程评价体系

为深入贯彻高校体育教学中的创新教育理念,全面深化体育课程改革,必须构建与课程改革相适应的、能够促进学生全面发展的评价体系与评价机制。课程评价是课程管理非常重要的一个环节,不仅是权衡教育目标设置与达成、提高教学质量的重要因素,更是高校体育评价工作中非常关键的环节,在增强体育教学活力、提高体育教学效果等方面起到重要作用。在课程评价体系构建过程中,应尽量避免围绕课程建设中一个或几个方面进行,而是要围绕课程教学改革建设的诸多方面,找到影响课程建设的主要因素,如培养目标定位、人才培养方案、课程教学队伍、课程教学内容、课程教学方法等,从本质入手解决实际问题。除此之外,还应着力构建和完善科学的学生评价体系和教师评价体系,从某个运动项目的运动技能实际掌握情况着手,进行全面而深入的剖析,应逐渐拓展到对学生情绪和行为上的表现认知、行为和情感等方面的整体评价。对高校体育教师的综合评价是一项系统、复杂的工作,涉及的层次多而深,既有发展性的纵向比较,又有各方面的横向比较,涉及的内容相当广泛,除了要进行他人评价,还要进行自我反思评价,在采用多样性的评价方式时,不仅要评价教师敬业精神与态度,还要评价教师自身的业务素质与工作能力,同时对教师完成教学工作情况和整体教学效果进行评价既要注重量的扩大,又要重视质的提升,从而构建系统和全面的教师评价体系。只有这样,才能增强教学质效,激发教师工作的积极性与创造性。

(四)提高高校体育师资创新能力

当今,人们对高校体育教育的认知存在一定偏差,认为体育就是跑跑跳跳而已，体育课就是一节自由活动课，对现代体育教育实质的理解不够全面，没有领悟人类在历史发展进程中，在体育方面创造的一切物质文明和精神文明与社会的发展、科技的进步之间的关系。因此，在提高高校体育师资创新能力时，首先加强高校体育教师人文素质的培养，明确对高校体育教师开展人文素质教育和培养是适应新形势、新任务的总体要求，使高校体育教师不仅具备自身持续发展所需要的相关知识和素质，还能树立为教育事业献身的职业道德，使学生对高校体育教学有基本认识和积极态度，懂得体育锻炼的真正意义。其次，通过加强对高校体育教师实践能力的培养与训练，大大提升体育教师实践教学能力，将专业理论知识学习充分与实践技能相结合，培养具有创新意识的高素质人才，注意增强新时代教师的创新意识与创新素质，坚定“综合性、研究型、教师教育领先的中国特色世界一流大学”办学定位，进一步优化教师队伍，持续推动教育优质均衡发展，不断优化知识结构，拓宽知识视野，提高自身专业素养和教育教学水平，融入各学科知识，实现综合教学。

第五节 个性化教育

一、个性化教育理念概述

2010年政府颁布的《国家中长期教育改革和发展纲要(2010—2020年)》指出：“关心每个学生，促进每个学生主动地、生动活泼地发展，尊重教育规律和学生身心发展规律，为每个学生提供合适的教育。关注学生不同特点和个性差异，发展每一个学生的优势潜能。”自此，高校开始了个性化教育的探索，更加注重学生本位。高校个性化教育的社会意义在于为社会转型提供人才支持，进一步促进教育公平和社会公正；①个性化教育对高校的意义在于促进高等教育改革，顺应高等教育大众化发展趋势；个性化教育对个体的意义在于满足学生自身发展需要，培养学生的创新能力。

①仝磊，尚琦．回顾、反思与展望：我国个性化教育研究30年[J]．江苏教育，2019(63)：23—30.

目前,我国高校普遍采取增加选修课,减少必修课,开设专业方向或选修课程组,允许跨学科选修,实行学分制、主辅修制、双学位制等一系列措施,日益扩大学生自主选择课程、专业方向、主辅修(双学位)专业的权力。相应的学生管理规定和学位授予管理办法已纳入这些措施,基本形成了个性化教育的制度保障。教育行政部门对个性化教育认同日益增强并已将之贯穿高等教育行政过程,且不断推进分类管理,促进高校根据社会需求和校情在办学目标、学科专业结构和人才培养模式上形成特色,开展多样化教育形式以培养不同类型的高级专门人才,尽可能为每一个高校学生提供最适合的教育。其具体表现为弹性学制从时间维度扩大了学生个性化选择权;转专业常态化,分段完成学业从空间上拓展了学生个性化学习选择权;学分制的广泛推行从时间和空间两个维度给予学生个性化发展自主权。此外,相关规定还要求高校加强素质教育,强化个性化教育和全面教育的和谐统一理念。然而,此类文件多为教育行政部门对高校开展个性化教育的指导性意见,具有临时性,并未形成完整体系。其在质量评价观上尤为明显。《普通高等学校本科教育教学审核评估实施方案(2021—2025年)》对促进学生个性化发展的评价指标设计过于宏观,可能导致高校以偏概全地理解个性化教育及其教学质量目标,不利于个性化教育体系的建构,有待教育行政部门抓紧细化。当然,实施个性化教育是一个复杂的系统工程,制度的制定要平衡共性发展和个性发展、学习自主选择权和规范管理之间的关系。

高校体育个性化教育有益于学生发挥自己最大的潜力,体现自身的价值。促进学生身心健康发展,激发学生的学习的热情,有助于学生形成乐观向上、开朗健谈的性格,对培养学生坚持不懈、不畏困难的优良品格,提高学生的综合素质具有重要的意义。高校体育教学中个性化教育是社会对人才需求的要求,通过个性化教育,为培养具有良好的职业修养和高度社会责任感,具有较强的适应能力、抗挫折能力,具有独特的创造力和丰富的想象力的高素质人才做好必要的准备。

二、高校体育教学的策略

（一）学生能力差异的识别和分析

教师在教学过程中应通过观察、测试和评估等方式，了解学生的学习特点和能力水平。这样做的目的是更好地满足学生的学习需求，制订个性化的学习目标和教学计划。

观察学生是获取关于学习特点和行为习惯的重要手段。通过观察，教师可以发现学生在学习中的兴趣爱好、学习态度以及学习风格等方面的特点。观察还可以让教师了解学生在课堂上的参与度和专注度以及对不同教学内容的反应和理解程度。通过观察，教师可以获得对学生学习特点的初步了解，为后续的测试和评估提供基础。测试是评估学生学习能力和水平的有效途径。测试可以分为形成性测试和总结性测试两种类型。形成性测试是在学习过程中进行的，旨在跟踪学生的学习进展，发现问题并及时进行调整。教师可以通过课堂小测验、练习题和作业等形式的测试，了解学生对知识掌握的程度。而总结性测试则是对学习成果的总结和评估，如期末考试或项目报告。通过测试，教师可以客观地评估学生的学习成绩，并获得关于知识水平和技能掌握情况的数据。这些数据有助于教师更准确地了解学生的学习差距和需求，为制订个性化的学习目标提供依据。评估是对学生学习过程和成果进行综合性判断的过程。评估可以包括教师评价和同伴评价两种形式。教师评价是指教师根据学生在实际学习过程中表现出来的能力和成果，对其进行评估和反馈。同伴评价则是学生之间相互评价和提供反馈，促进彼此的学习和成长。通过评估，教师可以更全面地了解学生的学习状况，评估学习进步和发展潜力。评估结果可以帮助教师发现学生的优势和劣势，并根据学生的差异性制订个性化的学习目标和教学计划。

（二）个性化学习目标的设定

教师应该根据学生的学习特点和需求，制订个性化的学习目标。在体育课堂中的运动技能训练中，这一点尤为重要。个性化的学习目标可以更好地满足学生的学习需求，提高学习积极性和成就感。

了解学生的能力水平是制订个性化学习目标的基础。每个学生的运动能力不同,教师需要通过观察、测试和评估等方式,全面了解学生的技能水平。通过了解学生的能力水平,教师可以针对不同的学生群体设定具体的学习目标,确保在适当的难度下进行训练和提高。考虑学生的兴趣爱好对于制订个性化学习目标也非常重要。学生对不同运动项目的兴趣程度各异,有些学生可能对篮球感兴趣,而其他学生则对足球或游泳更感兴趣。因此,在制订学习目标时,教师应该尊重学生的兴趣,根据偏好选择相应的运动项目。这样可以激发学生的学习动机和参与度,使其更加积极地投入训练中。制订个性化学习目标还需要考虑学生的学习节奏和发展潜力。不同学生在学习上有着不同的节奏和潜力。有些学生可能进步较快,而其他学生则需要更多时间来掌握技能。因此,教师应该根据学生的发展情况,为每个学生设定适当的学习目标。一方面,这可以确保学生在学习中不会感到压力过大;另一方面,也可以给予那些进步较快的学生更多挑战,促使其不断提高。个性化的学习目标还应该具备可衡量性。目标的设定应该具体明确,并且可以通过测试或评估进行衡量。这样的目标可以帮助学生清晰地了解自己的学习进展,给予其积极反馈并激励其继续努力。

(三)不同教学方法的运用

教师可以根据学生的学习特点和需求,采用不同的教学方法来提供个性化的指导。在体育课堂中的技能训练中,这一点尤为重要。通过灵活运用分组训练、个别指导和自主学习等方法,教师可以更好地满足学生的不同学习需求,促进技能提高和成长。

分组训练是一种常用的教学方法,可以适应学生不同的能力水平和兴趣爱好。通过将学生划分为不同的小组,教师可以根据每个小组的特点制订相应的任务和训练内容。对于技能训练来说,分组训练可以提供合作学习的机会,让学生在小组内相互支持和协作。在分组训练中,教师可以根据学生的能力差异,将学生组合在一起,使得学习氛围更加积极互动,并能够根据不同小组的情况进行有针对性的辅导和反馈。个别指导是一种针对单个学生的教学方法,可以更加精准地满足学生的个体需求。在技能训练中,教师可以选择与学生一对一或以小组为单位进行指导。通过个别指导,教师可以更全面地了解学生的学习特点和技能水平,并提供个性化的反馈和指导。个别指导可以帮助学生更好地理解和掌握技能要领，解决在训练过程中遇到的问题。同时，个别指导也可以在技能训练中给予学生更多的关注和支持，增加学习动力和自信心。自主学习是培养学生自主学习能力和探究精神的重要方法，同样适用于体育课堂中的技能训练。自主学习鼓励学生根据自己的兴趣和需求主动参与学习过程，从而更好地发挥潜力和创造力。在技能训练中，教师可以提供适当的资源和指导，引导学生自主选择训练内容和方式。通过自主学习，学生可以根据自身情况制订学习计划，按照自己的节奏进行训练，并在实践中不断调整和改进。这样的学习方式可以培养学生的问题解决能力和自主学习能力，提高学习效果和学习动机。

（四）差异化评价和反馈机制

教师应该根据学生的学习特点和需求，采用差异化的评价和反馈机制来促进学生在体育课堂中的技能训练。通过个别评价和反馈，教师可以提供具体且有针对性的指导，帮助学生及时发现和纠正自己的错误，从而提高学习效果。

个别评价是指针对每个学生进行独立的评估和分析。在技能训练中，教师可以通过观察学生的表现、记录数据和进行测试等方式，对每个学生的技能水平进行评估。通过个别评价，教师可以了解学生在不同技能方面的优势和不足，并制订相应的改进计划。这种个别化的评价可以更准确地了解学生的学习情况，为其提供有针对性的反馈和指导。个别反馈是在评价的基础上给予学生具体指导和建议。教师可以针对每个学生的表现，提供具体的反馈，指出其技能训练中存在的问题和改进的方向。通过个别反馈，学生可以更清楚地了解自己的不足之处，并且知道如何进行改进。这种个别化的指导可以帮助学生提高技能水平并增强自信心。及时性也是差异化评价和反馈机制的重要特点。教师应该在学生完成技能训练后及时给予评价和反馈。这样可以确保学生对自己的表现有准确的认识，并且能够及时纠正错误。及时的评价和反馈可以避免学生形成错误的习惯，同时也增加了学生的参与度和学习动力。个别评价和反馈还需要关注学生的情感需求。在进行评价和反馈时，教师应该注重语言和方式的选择，避免伤害学生的自尊心和自信心。教师可以用鼓励性的语言来强调学生的进步和突破，同时提出具体的改进建议。通过关注学生的情感需求，个别评价和反馈可以更有效地激发学生的学习动机和积极性。

三、高校体育教学的实践

（一）教师角色的转变

在个性化教学中，教师的角色需要从传统的知识传授者转变为学习的引导者和学生的合作伙伴。教师应该关注学生的学习需求，引导学生主动参与学习过程，并提供个性化的学习支持和评价反馈，以促进学生的个性化学习。

教师需要成为学习的引导者。传统的教学模式强调教师的权威和知识传授，而在个性化教学中，教师应该更多地充当学生学习的引导者。教师可以通过激发学生的好奇心、提出问题和引导思考等方式，激发学生的主动探索和学习动力。教师应该鼓励学生自主学习、独立思考并解决问题，培养学习能力和自主学习的习惯。教师应该成为学生的合作伙伴。在个性化教学中，教师与学生之间的互动和合作至关重要。教师应该与学生建立积极的合作关系，鼓励学生之间的互动和合作。教师可以通过小组讨论、合作项目和互助学习等方式，促进学生之间的交流与合作。教师还可以与学生共同探索和解决问题，培养学生的合作精神和团队意识。

（二）学生参与度的提高

个性化教学是一种针对学生个体差异的教学方法，它可以提高学生的学习参与度。通过设置学习任务、分组合作和个别指导等方式，教师能够激发学生的学习兴趣，从而提高学习效果。

通过设置个性化的学习任务，教师可以引发学生学习的主动性和积极性。学生在参与学习时会更加投入，因为感到任务与自身的兴趣、能力和需求相关。教师可以根据学生的兴趣、学习目标和水平，设计具有挑战性和可操作性的任务，鼓励学生主动探索和解决问题。这样的个性化学习任务会激发学生的好奇心和求知欲，增强学习动机。分组合作通过将学生分成小组，让其在合作中互相支持和学习，可以增加学生之间的交流和互动。在小组内，学生可以共同讨论、分享经验和知识，并协作完成学习任务。这种合作学习的方式能够激发学生的合作意识和团队精神，提高学习参与度。小组内的互助和竞争也可以激发学生的学习动力，促进个体的成长和进步。

（三）教学资源的优化

个性化教学需要教师提供个性化的学习资源和教学工具，以满足学生的不同训练需求。在体育课堂中，这一点尤为重要。通过提供不同难度的训练器材，教师可以更好地适应学生的能力水平和兴趣爱好，促进个性化学习。

教师可以选择不同难度的训练器材来满足学生的不同训练需求。对于技能训练来说，不同学生可能处于不同的水平阶段。有些学生可能处于初学阶段，需要使用较简单的器材进行基础训练；而一些学生可能已经掌握了基本技能，需要挑战更高难度的器材来提升自己。教师可以根据学生的实际情况，提供各种难度级别的器材，使得每个学生都能在适合自己水平的环境中进行训练。教师可以根据学生的兴趣爱好提供个性化的学习资源。不同学生对体育课程中的特定项目可能有不同的喜好和兴趣。教师可以根据学生的兴趣，提供相关的学习资源，激发学生的学习热情和主动性。

第三章　高校体育教学的现状与优化

第一节　高校体育教学的机遇与挑战

一、高校体育教学的机遇

（一）健康中国战略为高校体育教学指明了方向

2016年10月中共中央、国务院发布《"健康中国2030"规划纲要》(以下简称《纲要》),提出健康是促进人的全面发展的必然要求,是经济社会发展的基础条件。党的十九大报告将"实施健康中国战略"作为国家发展基本方略中的重要内容,健康中国旨在提高全民健康素质,促进全民健身和全民健康深度融合,彰显了国家对于国民健康状况和身体素质的重视。健康中国战略的实施,不仅对国家和社会的发展具有重要意义,也为高校体育课程教学改革指明了新的方向。首先,健康中国战略强调了健康的重要性,提出"以人的健康为中心"的理念,这一理念为高校体育教学提供了指导思想。高校体育教学应以健康中国战略为指导,牢固树立"健康第一"和"全面发展"的教育理念,把增强学生体质健康作为高校体育教学的根本任务,通过传授学生体育技能与健康知识,使学生形成终身体育的良好习惯。其次,健康中国战略提出了"全民健身与全民健康深度融合"的理念,为高校体育教学提供了新的思路。在教学目标上,要求高校体育教学不仅注重学生体育运动技能的培养,还要注重学生全面素质的培养,包括体育技能、心理健康、身体健康和社交能力等。再次,健康中国战略提出了"科学健身"的理念,这一理念为高校体育教学提供了新的方法。高校体育教师应注重对学生科学健身方法的传授并进行实践,让学生牢固掌握科学的健身知识和方法,提高健身效果和健康水平。最后,健康中国战略提出了"改革创新"的动力,这意味着高校体育教学应不断进行改革和创新,以适应时代的发展和学生的需求。如可以尝试将体育运动与互联网、大数据等新技术相结合,开发出更加智能化、个性化的教学方式和方法,推动高校体育教学改革和创新发展。

(二)教育信息化有助于提升高校体育教学效率

2018年,教育部发布《教育信息化2.0行动计划》,标志着我国教育信息化从1.0时代迈入2.0时代,意味着教育信息化正式成为引领教育系统性变革的内生变量,支撑和引领教育现代化发展,充分肯定了教育信息化的地位和作用。高校体育传统教学形式是以师生面对面形式展开体育教学,教师作为课堂主导进行知识讲解并组织体育运动,学生配合教师的授课节奏被动学习,该种教学模式下学生学习的积极性和主动性较差,更谈不上促进个体学习。随着我国教育信息化工作的不断推进,利用信息化教学手段展开体育教学的形式为高校体育教学变革注入了动力源。信息化教学方式在保留传统体育课堂教学优点的同时,充分发挥信息化优势,构建线上体育教学数据库,方便学生根据自身体育学习需求随时访问和学习。这一教学形式的变化不仅使高校体育教学更加高效,还能显著提高体育教学的适应性和灵活性,满足不同学生的需求。在教育信息化条件下,高校可建立以互联网为基础的线上教学平台,为学生提供更加多元、多样的体育数据资源共享渠道。[①]教育信息化还促进教师与学生之间的交流与合作。通过网络终身学习平台,教师与学生可以更加紧密地互动,共同推动线上与线下混合教育模式的发展。这种互动促进教学质量的提高,也加强学生与教师之间的互动与合作,使体育教学更富有活力和创新性。教育信息化时代下的体育教学变革不仅仅是技术工具的引入,更是一种教学方法和教育理念的更新,有助于提升高校体育教学效率,推动个体学习的发展,为教育事业的进步开辟新的道路。

二、高校体育教学的挑战

(一)学生体育意识淡薄

当前,我国明确提出要培养学生体育爱好与习惯,让他们熟练掌握至

①田鑫光.传统茶文化背景下高校运动训练课程教学实践[J].福建茶叶,2023,45(10):87—89.

少一项运动技能，并确保学生校内的运动强度和时间。高校体育在提升学生身体素质方面起着重要的作用，然而从教育部发布的近30年我国学生体质健康的变化情况来看，学生的体质健康状况呈持续下降的趋势。高校学生体育意识淡薄、健康中国观念意识薄弱的原因是多方面的。一是受应试教育的影响，学生文化课程压力较大，往往把时间和精力都投入到文化课上，大部分家长和学生没有真正认识到体育课程的重要性，认为体育课程会影响学业或其他方面的发展，体育意识淡薄，缺乏主观能动性。二是高校学生正处于精力旺盛、身体健壮的时期，未能深刻认识到体育课对自身身心健康发展的促进作用，进而忽略了身体健康的重要性，健康观念意识较薄弱。三是很多学生体育基础薄弱，运动技能水平低下，无法承受过多的运动负荷，存在怕苦怕累的心理，担心在锻炼过程中受伤或者无法适应高强度锻炼的心理，运动兴趣匮乏，可能会经常找借口逃避体育锻炼，体育应试的思想严重。四是部分学生自我控制能力差，很多高校学生沉迷于电子产品，尤其是网络游戏，已占据学生大量的时间，不仅使学生缺乏体育锻炼，而且还严重影响了学生的身心健康。

（二）高校领导和体育教师缺乏对体育教学的重视

高校领导和体育教师对体育教学的重视程度决定着高校体育教学开展的质量。然而，一些高校领导体育文化意识淡薄，关注点往往集中在学生的专业课和就业选择上，缺乏对高校体育教学的重视，认为体育课程就是跑、跳、投一类简单的运动项目，不了解体育运动对身体健康、心理健康等方面的作用，所以在高校课程中将更多地将教学资源和注意力投入到其他学科。因高校领导对体育课程没有足够的重视，导致对体育课程教学的资金投入较少，高校体育教师配比不足，体育课程开设不足，体育场地设施不完善，进而影响到体育课程教学的质量。部分高校体育教师同样存在对体育运动的偏见，没有给予体育课程足够的重视，体育课堂成了学生自由活动的时间。高校领导和体育教师对体育课程的不重视，直接导致了学生在思想意识上不重视体育锻炼，这不利体育教育与教学的发展。

（三）体育教师专业能力有待提高

体育教师作为高校体育教学活动的组织者和执行者，其综合能力直接决定了体育教学的质量，在指导学生正确参与体育锻炼、合理规划体育活动等方面起着关键作用。目前,我国高校体育教师综合素质仍然较弱,不能积极树立起现代的教学理念,不利于高校体育教学的开展。首先,由于体育课程不被高校领导重视,高校体育师资力量严重不足,教师工作量比较大,常常心有余而力不足,不能照顾到每一个学生的学习,这就给高校体育教学质量造成一定的消极影响。其次,部分高校体育教师依然将体育技能教学放在第一位,而忽视了对学生体育素养和综合素质的培养与教育,没有将体育精神和学生的身体健康教育放在重要的位置上。再次,学校领导对体育教师缺乏足够的重视,不注重体育教师的专业培训工作,导致教师缺少必要的技能培训,没有及时更新自己的专业知识,教师本身的知识结构存在短板,对自己所教授的体育专业理论知识掌握不够全面,无法提高学生的体育技能。最后,部分高校体育教师的执教能力需要加强,执教能力有限,创新能力不足,教学模式固定,很难将自己的所学内容清晰、完整地传授给学生,不能给学生提供高质量的体育课程教学,学生也不能全面地接受知识,一定程度上影响了整个体育教学的高质量发展。

(四)体育教学内容单一,教学模式陈旧

高校体育教学承担着培养学生身心健康、提升学生综合素质的重要使命。然而,当前高校体育教学存在内容单一、教学模式陈旧等问题,难以满足健康中国战略、体育强国建设等的需求。首先,教学内容单一。目前,高校体育教学内容相对简单,每学期开设的体育课程严重不足,学生基本上每周只能参加1—2次体育教学活动,学生不能系统完整地学习体育课程。此外,部分体育教师对教学目标的理解不深,体育教学课程设置缺乏合理性,教师往往只注重体育技术动作的传授,而忽视了学生的健身需求和健康知识教育,这种简单的教学内容往往无法满足学生的学习需求,也无法充分发挥体育运动应有的教育、健身价值和对学生终身体育思想的培养,不能有效激发学生学习体育课程的兴趣,直接影响高校体育课程的教学质量。

(五)教学考核与评价体系不完善

当前高校并不是很重视体育教学的质量考核,体育教学考核与评价体系存在诸多不完善之处,限制了体育教学的发展和学生综合素质的提升。一是缺乏多元化评价。当前,高校体育教学考核与评价体系多以学生的出

勤状况和学期末的运动成绩为核心，过于强调技术评分和成绩达标，忽视了学生的综合身体素质、学习过程和情感态度等方面的评价，缺少学生在体育运动中的参与度、努力程度、进步幅度等方面的评价，这种单一的评价方式无法全面反映学生的整体素质，也容易挫伤部分学生的积极性。二是缺乏过程性评价。现行的高校体育教学考核与评价体系偏重于终结性评价，即以期末考试或终结性考核为主，忽视了学生的平时表现和学习过程。这种评价方式无法及时反馈学生的学习情况，也难以帮助学生发现和解决学习过程中的问题。三是缺乏反馈机制。一个完善的考核与评价体系应该具备有效的反馈机制。然而，学生往往只能在期末考试或终结性考核中得知自己的成绩，而无法及时获得学习过程中的反馈和指导，这不仅影响了学生的学习效果，也限制了他们的学习动力和积极性。四是评价体系不科学。一些高校的体育教学考核评价以期末考试教师打分评价为主，教师在整个评价过程中占据主动权，受到教师主观因素影响，可能会出现评价标准过于主观、评价方式过于单一、评价结果缺乏公正性等问题，同时缺少学生自评与互评，最终的评价成绩未必能真实反映学生参与体育课的情况。

第二节 高校体育教学方法的优化

体育教学方法是指教师和学生为了达到一定的教学目的，根据具体的教学内容，双方共同进行的一系列活动方式、步骤、手段和技巧的总和。体育教学方法包括语言法、直观法、完整法、分解法、防错纠错法、领会教学法、创设情景教学方法、游戏与竞赛法等。[①]

一、高校体育教学方法改革创新的优化逻辑

（一）关键性因素视角：结合具体教学情境选择教学方法

体育教学本身是一个动态生成的过程，从教学活动诸要素的关系而言，教学方法处于一个变量地位，体育教师必须树立生成性、动态性和开

①潘绍伟，于可红．学校体育学（第3版）．北京：高等教育出版社，2015.

放性的思维方式，结合具体教学情境灵活选择教学方法，以最大限度地提高教学有效性。由此可知，具体教学情境是体育教学方法改革创新的关键性因素。体育教学有效性依赖于特定教学情境，教学情境创设旨在帮助学生更好地理解教学内容，使其体验体育道德品质的生成场域与养成逻辑，以形成自己的体育与健康学科核心素养。体育教师所选择的教学方法应使教学情境恰当有效，把知识点放置于真实的情境中去学习，促使学生在真实情境中体验与感悟体育的意蕴。

在课堂教学实践中，体育教师结合具体教学情境选择教学方法，将教学方法融入具体教学情境之中，提升其境遇性，需要体育教师关注如下两个方面。其一，体育教师应根据情境互动情况灵活地选择和调整教学方法，对教学方法是否适合此时此刻的教学情境进行审问和反思，不断建构与生成教学方法，使教学方法内蕴于具体教学情境之中。其二，体育教师应关注生成性教学事件所蕴含的教学契机，不断诠释和建构生成性教学事件的价值蕴涵，不断灵活调整和创新教学方法。综上所述，结合具体教学情境选择教学方法是艺术化的创新过程，体育教师应在课堂教学实践中不断总结和反思。

（二）支配性因素视角：根据教师教学素养选择教学方法

体育教师是教学方法的控制者和运用者，在选择和运用教学方法中起着主导作用。体育教师支配着教学方法，是体育教学方法改革创新的支配性因素。教学有效性源于体育教师对教学方法的有效选择和运用，体育教师的教学素养影响其内在思维过程，决定其对教学方法的选择和运用。体育教师所选择的教学方法唯有适合自身的教学素养条件，能为其所掌握和理解，才能发挥最优作用。

在课堂教学实践中，有的教学方法虽好，但如果体育教师缺乏必备的教学素养，无法驾驭，那么在教学过程中则无法产生良好的教学效果。可以说，体育教师的教学素养是选择教学方法的重要依据。例如，有的体育教师社会经验丰富，思维水平较高，可将教学内容融入现实社会生活，选择以创设情境为主的情境教学方法；有的体育教师情感丰富，则可以选择情感教学方法，以情施教，让学生在运动中获得情感体验，充分发挥情感因素的积极作用。综上所述，体育教师应不断提高自身教学素养，提高选择教学方法的能力,依据自身实际优势,选择与自己教学素养相适应的教学方法。

(三)影响性因素视角:基于学生实际情况选择教学方法

体育教学是师生之间极为复杂的理性活动,学生的学法体现体育教师的教法,而学生的学法又是通过体育教师在教学过程中精心指导逐步形成的,不同的学生需要体育教师采取不同的教学方法。此外,体育教学有效性缺失的种种表现,源于体育教师在选择教学方法方面对学生实际情况的漠视。由此可知,学生是体育教学方法改革创新的影响性因素。

在课堂教学实践中,体育教师选择教学方法应基于学生的现有基础、学习态度、参与程度和个性特征等,从其实际情况的维度选择科学、合适、丰富的教学方法,最大限度地调动学生学习的积极性,尊重学生的主体地位。反之,学生潜能不能得到充分发挥,表明所选择的教学方法是无效或低效的。例如,提问教学方法,问题的设计必须考虑学生的实际情况,学生由于其知识、兴趣、意志和智力等方面皆有差异,所形成的知识层亦不同,体育教师应根据其知识层间的差别,设计难易适度的问题,使问题能在各知识层之间跳跃,以启发不同层级学生的思维。当然,体育教师选择教学方法并非意味着仅消极地适应学生的实际情况,应选择能提高和发展其自主学习能力的教学方法。可以说,基于学生实际情况选择教学方法能满足其自主发展的心理需求,最大限度地提高其参与体育活动的积极性、能动性和创造性。综上所述,体育教师应基于学生实际情况选择教学方法,这是选择教学方法的关键,是教学方法改革趋势的反映,亦是提高教学有效性的切入点。

(四)整体性因素视角:多种教法兼用,优化综合、形成合力

体育教学方法呈现出综合化、多样化和多层次的发展趋势。为更好地实现教学目标,体育教师通常会选择和运用现有的行之有效的多种教学方法,注重多种教学方法优化组合和综合运用,使之形成合力,以发挥多种教学方法的整体性功能。由此可知,多种教法兼用是体育教学方法改革创新的整体性因素。教学方法体系是由多种相互作用、相互联系的具体教学方法所构成的统一整体,只有各种教学方法彼此联系、互相补充、互相渗透,才能协同发挥整体效能。

在课堂教学实践中，体育教师不仅要选择灵活有效、丰富多样的教学方法，更要对教学方法进行优化综合，使之形成合力，唯有如此，才能发挥教学方法的最大作用，使之具有综合性和系统性。尤为值得注意的是，优化综合并非是把教学方法简单相加，而是整体优化，即经过优化综合形成新的教学方法整体。这要求体育教师选择教学方法时，应体现教学的科学性和有效性，同时亦要从实际出发，注重灵活性和创新性，以体现教学的艺术性和文化性。教学方法的相容性和多元性为体育教师选择与运用多种教学方法提供了可行性。可以说，只有选择与运用多种教学方法，才能形成合力，提高教学有效性。各种教学方法均有利弊，合理性与局限性共存。例如，讲解法能加深学生对教学内容的理解，使其较快地掌握体育与健康知识和运动技能，体育教师生动的语言可使教学充满趣味性，开拓学生思维，但易使其处于被动地位；又如，探究法有利于培养学生创新思维能力，但基础薄弱的学生则无法胜任。综上所述，要真正提高教学有效性，体育教师所用的教学方法在课堂教学中是互相渗透的，优化综合多种教学方法，使之相辅相成，取长补短，形成合力，以发挥多种教学方法的整体综合效应。

（五）决定性因素视角：紧扣学习目标实现选择教学方法

教学方法本来就是实现学习目标之方法，选择何种教学方法，应由学习目标来决定。由此可知，从某种意义而言，学习目标对教学方法有着内在选择，是体育教学方法改革创新的决定性因素。选择教学方法的标准是，所选择的教学方法能否实现学习目标。学习目标的实现对于选择教学方法具有决定性意义，因为无论选择何种教学方法皆必须保证学习目标实现。同时，教学方法既是学习目标的重要内容，亦是实现学习目标的重要保证。

在课堂教学实践中，提高教学有效性应与教学方法与学习目标有机统一，唯有当二者实现内在统一时，体育教学才能形成一个有机体系，才能激发学生的参与兴趣，唤醒其学习欲望。不同的学习目标需要体育教师选择不同的教学方法，因而体育教师设置的学习目标不同，所选择的教学方法亦不会相同，体育教师应选择那些能实现学习目标的教学方法。例如，若要培养合作精神和交往能力，则应采用互动教学方法；若要增强学生体能，则应采用身体练习教学方法；若要体验运动的乐趣和成功，则应采用体验教学方法；若要发展学生的自主发展能力，则应选择以学生自主活动为主的教学方法，如探究教学方法等。综上所述，学习目标的生成性决定了体育教师不应该固化教学方法，应紧扣学习目标选择教学方法，否则教学有效性则难以实现。

（六）制约性因素视角：依据教学内容特点选择教学方法

教什么和如何教是教学中最基本的两个问题，二者分别为教学内容和教学方法的问题。教学内容是制约选择何种教学方法的重要依据，体育教师所选择的教学方法应与教学内容一致。本质上而言，偏离教学内容的教学方法是不存在的，教学方法应契合教学内容。由此可知，教学内容制约着教学方法的选择，是体育教学方法改革创新的制约性因素。体育教师应依据教学内容的特点选择教学方法，以有利于学生最佳地理解和掌握教学内容，依据教学内容的特点选择不同的教学方法，有着截然不同的教育意义和教学效果，有利于提高教学的针对性和实效性。只有所选择的教学方法符合教学内容的特点，才能使教学内容发挥更好的效果，通过提高针对性以提升实效性。

在课堂教学实践中，针对不同的教学内容，体育教师应选择与之相适应的教学方法，如果不管什么教学内容均千篇一律地使用讲解与示范法，那么学生对体育学习则会感到厌烦和枯燥。反之，如果体育教师善于依据教学内容特点而选择多样化教学方法，学生则会体悟到运动的快乐和幸福，进而激发其参与兴趣，更好地提高教学有效性。依据教学内容特点灵活地选择教学方法意义重大，关乎教学有效性，关乎学生素养和能力的提高，关乎学生健康、全面发展。综上所述，若体育教师依据教学内容的特点选择教学方法，则能让课堂教学充满活力和生机，学生则乐学善学、思维活跃，最终能更有效、更快、更好地提高教学有效性。

二、高校体育教学方法的应用要点

无论选择何种教学方法，体育教师只有将教学方法正确地应用到教学中，才能顺利完成教学任务、达成教学目标。高校体育教师在应用各种教学方法时应注意以下要点。

其一，体育教师应避免过多地使用以语言传递信息为主的教学方法，也不能只练不讲。在实践中，体育教师只需要针对学生难以理解的内容进行讲解，即使是有关体育品德方面的内容，体育教师也只需简单地讲解，然后再通过身体练习、游戏、比赛的方式潜移默化地培养学生的体育品德。

其二，体育教师在使用以直接感知为主的教学方法时，应做好教学准备工作，尤其是在使用多媒体演示法、挂图演示法时，需提前准备好相应的多媒体课件和挂图。在教学中，体育教师应结合问答法，积极引导学生有目的、有重点地观察和思考。在教学结束后，体育教师应再次结合问答法和讨论法，帮助学生将感性认识上升为理性认识。

其三，体育教师在使用以身体练习为主的体育教学方法时，应注意分解练习的时间不宜过长，学生能基本掌握即可；在完整练习时不用拘泥于细节动作，对学生动作的质量不做过高要求；在进行循环练习和重复练习时，应科学地设定运动强度，避免因运动损伤而影响正常的学习和生活。

其四，体育教师在使用以游戏与比赛活动为主的体育教学方法时，应注意游戏内容和比赛内容与教学任务和目标的融合度，不能脱离教学任务和目标。另外，体育教师可以通过游戏和比赛的方式培养学生的体育品德，如规则意识、互助意识等。

其五，体育教师在使用以探究活动为主的体育教学方法时，应依据教材的内容和学生的实际情况设置问题。学生在解决问题的过程中，体育教师可以通过积极的引导来启发学生思考，创设一个互尊互爱的教学情境。

第三节 高校体育教学内容的优化

一、高校体育教学内容存在的问题

（一）创新内容不足

2002年8月12日，由国家教育部颁布的新《全国普通高等学校体育课程教学指导纲要》（以下简称《纲要》）取代了原国家教委1992年8月5日施行10年之久的旧《纲要》。新《纲要》赋予了各高校对教学内容选择的很大自主权。这种自主权给高校体育教育带来机遇的同时带来了更多的挑战。核心素养培育的课程改革，向体育教学内容改革首先提出了要求，然而高校体育教学内容出现创新停滞现象。

在新《纲领》的引领下，各校也纷纷投入到“高校体育课程教学指导纲要”“高校体育课程教学大纲”等的编写中，力求形成符合本校实际的指导文件。然而，本应各具特色的内容安排，实际却陷入千篇一律的窘境。各高校开设的课程内容具有统一性，主要围绕三大球、三小球、操舞类、民族传统体育类、保健类内容，基本上照搬了多数竞技运动项目，创新性的特色课程极为少见，尤其是在一些师资、设施等条件较差的二本院校与高职院校。目前，能够建立起具有地方或本校特色教学内容体系的高校依然是凤毛麟角。

从时代发展的角度考虑，体育教学内容理应顺应时代对核心素养培育的要求。但调查发现，高校体育教学虽改变了过去以单一运动项目为主的教学内容，项目日渐丰富和完善，但是仍存在着明显的内容繁、偏、旧现象，仍以竞技运动项目和传统体育项目为主，既缺乏对现有项目的改造，更缺少对新兴课程的引入。随着休闲时代到来，休闲娱乐成为一种全新的生活方式，社会各界对休闲体育的需求愈渐增多，当代高校学生作为时代的弄潮儿更不例外，他们更加青睐于休闲、娱乐、体验和个性化的课程内容，陈旧、老套甚至落后的教学内容使学生“喜欢体育、不喜欢体育课”的现象越发凸显。

体育课程项目设置固定，连续几年内没有变化的高校不在少数，且存在高校体育课程设置模糊，体育教学内容重复现象。许多高校普通体育课程并没有设置基础班和提高班等不同的层级，或是体育课程设置不明确，虽然学生在课程选择上有充分的自主权，但学生在选课时只能看到课程名称，如篮球、排球、乒乓球、健美操等和任课教师，并看不到具体的教学内容和安排，如排球传垫球教学、排球垫发球教学……因而学生对教学内容的选择大多处于被动接受的困境。这种层次缺乏和内容模糊的课程设置都会导致同一班级学生个体差异较大，零基础学生和有基础学生混杂在一起，从而造成教师每学期的教学内容绝大多数都停留在基础部分，重复性尤为突出。

(二)教育内容缺乏

1.知识教育缺乏扩展

知识是指学生所应掌握的体育理论和体育常识等,对体育实践具有指导意义。只有充分了解体育理论知识,才能正确理解体育,才能科学地进行个人体育实践活动。

调查发现,在体育课上,教师很少向学生讲解关于体育的起源、发展、功能、基本概念和锻炼常识等,多以某个项目的技战术理论与规则为主。每学期4学时的体育理论课安排在许多高校被停留在教师的教学计划大纲上,事实上却被忽视甚至作为阴雨天的自由活动课;有些高校则在开学第一周和最后一周进行象征性的教学,教学内容随意无系统、表浅不深入,久而久之,造成学生体育知识储备薄弱。高校体育教学内容改变了义务教育阶段幼稚、肤浅和低层次的玩乐式教学,却又陷入了另一个重技术和轻理论的极端,理论课程安排流于形式。

2.能力教育缺乏延伸

能力是指学生所应具有的体育运动能力,包括一般运动能力(基础运动能力)和特殊运动能力(竞技运动能力),前者是人体在日常生活、劳动和运动中所必需的走、跑、跳、投等基本活动能力,而后者则是为完成某项技术所需要的专门运动能力。两者共同为学生体质健康奠定基础,是体育区别于其他学科的本质特征。

众所周知,当前我国高校体育教学内容主要以专项运动技能教学为主,一般运动能力练习少之又少。由于学生身体素质较差且一般运动能力的练习枯燥、乏味且具有一定的危险性,因而长期以来被“小心翼翼”对待。在体育课上一般运动能力的练习,绝大多数教师采用慢跑两圈或走的方式,其他练习内容几乎没有,教师的教学放不开手脚,学生身体练习量和练习强度达不到要求,长此以往,陷入学生体质越来越差、肥胖人数与日俱增、一般运动能力低下的恶性循环。而专项运动能力的教学,大家又不由得发出疑问,为什么每堂课、每学期都在教技能,学生还是不会运动呢?是什么原因造成此种现象呢?虽不能否认学生期望在短时间内获得较高运动技术水平过于理想化,但也要认真审视教师过度强调技术规范、考试数量要求的机械模仿练习忽视了技能延伸，向运动能力的真正转化，学生仅仅形成了应对考试的暂时技能，待考试结束，这种运动技能很快就会遗忘，与能够参与比赛、运用自如的目标相差甚远。由此可见，提高一般运动能力的教学内容缺乏广度，提高专项运动能力的教学缺乏深度。

3.意识教育缺乏培养

意识是指学生在体育活动中自觉认识体育意义与作用的基础上所产生的能动的心理活动，表现为对体育的重视程度和参与体育活动的自觉性。可见，体育意识是学生对体育的理性认识，其培养是建立在学生已有的体育兴趣和爱好基础之上的，是需要经过外界的教育和引导以及自身的反复实践才能形成的。因而，体育教学内容的安排不应局限于体育知识和技能的传授，还应重视培养学生的锻炼意识、体育与健康的意识、终身体育锻炼意识。然而在现实中，重视学生终身体育意识的培养似乎成为各个高校的教育口号，实则并未引起高度重视。高校学生体育锻炼不积极、体育课迟到早退、消极、无所谓、及格就好的态度长期存在，究其根源就在于体育意识缺乏和基础薄弱所致。

4.精神、品德缺乏重视

精神、品德是指学生在体育运动、学习过程中所获得的积极态度、价值观和优良的道德品质。学校体育是教育的重要组成部分，其本质属性是育人，是通过有目的、有计划的教育活动，对学生的身心施加影响。因此，学校体育不仅仅局限在身体的教育，还可以通过身体实践，促进学生拼搏、奋斗、永不言弃等精神以及助人为乐、胜不骄败不馁、团结协作、公平竞争等品德的形成，健全学生的人格。

我国党中央文件也一直重视培养学生体育运动的精神和品德。1990年，国家教委制定的《学校体育工作条例》指出对学生进行品德教育，增强组织纪律性，培养学生的勇敢、顽强、进取精神。2007年，国务院印发《关于加强青少年体育增强青少年体质的意见》指出，体育锻炼是加强爱国主义和集体主义教育、磨炼坚强意志、培养良好品德的重要途径，是促进青少年全面发展的重要方式，对青少年思想品德、智力发育、审美素养的形成都有不可替代的重要作用。《国家中长期教育改革和发展规划纲要（2010—2020年）》指出，促进学生身心健康、体魄强健、意志坚强。这些政策文件的颁布无不为我国的体育教学提供指导，然而反观当下我国高校体育教学内容，体育精神和德育教育的内容却被弱化。现代高校学生在体育课中表现出的懒惰、不思进取、轻言放弃以及自我为中心、傲慢自大、漠视规则、破坏公共器材等现象被很多教师视而不见，许多学校运动会无人参赛、无人观赛、无人服务的现象也值得我们深思。

二、高校体育教学内容的优化策略

多年来，我国高校体育教学内容并未走出以传统技术教学为主的模式，如何才能实现由注重素质向素养的转变，必然首先要从体育教学内容开始进行调整。

（一）转变育人理念：推进体育教学内容的个性化

传统体育教学强调学科中心主义，严格实行教师权威主导下的教学内容安排，以运动技能的操练为主要内容和评价标准，是一种工具理性的教学主导思想。核心素养下的体育教学改革更强调学生中心主义，注重培养学生的主动性和创造性，全面贯彻落实“立德树人”宗旨和“健康第一”思想，要实行价值理性的教学主导思想。因此，转变育人理念，在以生为本的育人理念下倡导个性化的教育内容，主要从以下方面着手。

其一，学习借鉴具有时代性、开放性、多样性的课程新体系。中国女排在赛场上展现出的“祖国至上、团结协作、顽强拼搏、永不言败”的时代精神为学生核心素养培养提供了富有时代意义的体育知识体系，也体现了基于体育核心素养的学科知识的构建并不是一个完整的封闭的内容体系，而应是一个具有鲜明时代特征的开放性内容体系。此外，学生是各具不同禀赋、运动基础和运动能力的个体，在体育学科核心素养形成的漫长过程中，持续学习借鉴具有时代性、开放性、多样性的课程体系，是形成以生为本的个性化教学内容的基础。

其二，积极探索具有特色性、独创性、学科化的校本化表达。校本化是各高校根据国家颁布的课程指导纲要等文件要求基础上，结合地方特色、学校实际、学生水平和学科内容编制的课程，是培养学生核心素养的必由之路。本应具有特色性、独创性，但由于理念的偏差，过于强调“以校为本”，注重学校的发展，一味地模仿、参考其他高校的课程设置，甚至开设一些自身能力之外的课程，力求展示自身实力，提高学校影响力，最终造成空有课程架构，却严重缺乏含金量，不能满足学生需求。各高校应明确坚定“以生为本”的育人理念，加强对课程的创造性发展和深度开发，将具有特色性、独特性、体育学科化的校本课程内容作为培养学生体育核心素养的有效途径，满足当代高校学生的个性化需求。

（二）回归生活世界：实现体育教学内容的实用性

程传银认为，体育学科核心素养的目的在于学生脱离学校后，学生所具备的体育学科核心素养持续依附自身，为个体的美满生活奠基。①因此，回归生活，实现体育教学内容的实用性与我国培养学生核心素养的目标相契合，主要从以下几方面着手。

其一，直面学生具体社会生活，直击生活所需的体育教学内容。核心素养的人本性为我们敲响了警钟，应将教学内容真正服务学生，应重新思考当代高校学生到底需要哪些教学内容，显然生活所需要的教学内容必不可少。例如，运动损伤如何处理、运动急救如何进行、运动饮水怎样合理、运动腹痛如何应对等，这些都是学生在课余活动和日后走入社会独立运动中经常会遇到的问题，具有非常高的实用价值。

其二，打破封闭、预设的竞技内容，重视校外资源引入体育教学内容。学校体育回归生活世界，并不是全盘否定原有的教学内容，而是要将其转化为学生乐于接受的和感兴趣的实用性内容，并在原有内容体系的基础上，引入学生在生活中感兴趣的项目。多年来，学生不喜欢体育课的现象与积极参与一些社会活动项目、体验形成鲜明对比，可以看出内容本身存在差别。体育课上封闭和预设的竞技内容，枯燥且乏味，缺乏挑战，而一些社会上大热的项目，极具挑战性、体验感，给大家带来快乐的同时也锻炼了身体，甚至起到了磨炼意志品质和培养团结协作品质等多重效果。

其三，转变灌输式的教学，挖掘生活情景中的体育教学内容。学生体育生活方式的养成使体育运动成为学生生活的有机组成部分，形成一种习惯。学生要由被迫运动、抵抗运动变为主动运动、乐于运动，提升体育核心素养，关键在于意识、观念的转变。这种转变是要付出长期努力的。但

---

①程传银．发展学生体育学科核心素养的教学论解读[J]．沈阳体育学院学报，2019，38(03)：1—7.

是培养学生体育锻炼意识、健康意识、终身体育意识不是口号，也不是体育教师能教出来的，是可以通过挖掘实际生活中的情景，在课程上合理创设出来，从而起到潜移默化的培育作用。创设的情境越贴近真实生活，学生的体验感越强，收益也就越大。

（三）实施深度教学：实现体育教学内容的终身性

终身性是指一个人终身参与体育运动，并将体育运动作为一种生活方式，其强调体育运动贯穿于一个人的整个生命周期，是体育教学的终极目的。《中国学生发展核心素养》明确指出，学生发展核心素养要具备能够适应终身发展的必备品格和关键能力，可见核心素养培育指向终身性。而发展学生体育核心素养，实现终身体育的目标依靠现有的浅层教学是难以实现的，必然要走向深度教学。深度教学并不追求教学内容的深度和难度，不是指教学内容越深越好，而是相对于知识的内在构成要素而言，知识教学不停留在符号层面，丰富教学的层次，实现知识教学的丰富价值。实施深度教学，实现体育教学内容的终身性需要从以下方面着手。

其一，完善体育教学内容的层次，提高学生学以致用的终身体育能力。终身体育能力的形成，离不开运动技能的形成。当前体育课程一体化是学术界交流的热点，要实现从“幼儿园—小学—中学—高中—大学”的体育课程一体化建设，是学生运动技能形成、实现终身体育，提高体育核心素养的必由之路、理想之路。众所周知，这条路还很长。面对学生学了十几年的体育而未能掌握一项运动技能的困境时该如何是好？实施深度教学，完善体育教学内容的层次，不仅是在各高校内部设置服务于学生终身体育的一体化课程，改变重复式蜻蜓点水的教学，实现教学内容的螺旋式递进，而且就学生运动技能的掌握过程来看，要实现学以致用，需经历泛化、分化、巩固和自动化四个层次，之所以未能掌握技能，是因为教学内容一直停留于泛化和分化阶段，未能实现跨越，因而要通过深度教学，向巩固、自动化层次深入。

其二，拓宽体育教学内容，形成学生全面发展的终身体育能力。体育课程内容丰富多样，不仅包含本学科体育核心素养的培养，而且还可以此为基点，有机融入跨学科核心素养、相关学科核心素养的培养。因此，实施深度教学，拓宽体育教学内容，一方面要在本学科内部拓宽，拓展运动技能教学，如重视学生运动技能学习背后的方法、逻辑建构，重视运动技能的同时培养学生体育精神、体育品格和健康行为等；另一方面，拓宽体育学科与其他学科的联系，如在体育结课考核时会出现部分同学代考现象，可以通过此事件对学生进行社会主义核心价值观诚信教育、做人做事基本道理的教育，实现体育学科和政治学科的相互配合；通过体育比赛对学生进行心理辅导，凸显了体育学科和心理学科的内在关联等。有意识拓宽体育教学内容，在协调、统筹、整体上最大限度地提高学生的综合能力，为培养全面发展的人进行多方面努力，为终身体育的实现奠定基础。

第四节　高校体育教学环境的优化

一、体育教学环境的构成剖析

体育教学环境是一个相对复杂的概念，可从广义和狭义两个方面进行理解。广义的体育教学环境指的是所有能够影响体育教与学活动开展的因素，包括社会制度、法律法规、体育技术等；而狭义的体育教学环境指的是能够对实际的体育教学过程产生影响的各种因素。该文所探讨的体育教学环境取其狭义的概念。从狭义的角度来看，体育教学环境主要是由以下几部分构成的。

（一）物理环境

体育教学的物理环境主要包括两部分内容：一部分是自然界中的事物，另一部分是现实中的事物。

就自然界中的事物而言，凡是能够影响体育教学活动的都属于体育教学物理环境的范畴。比如，天气状况会影响体育教学活动的开展地点，若天气晴朗且温度适宜，可在室外开展体育教学活动；若大风雪天气，则体育教学活动只能在室内进行。

就现实中的事物而言，体育教学物理环境主要指的是硬件体育设施和班级规模。其中，硬件体育设施是体育教学活动得以开展的重要物质保障，包括体育教学的场地、运动器材、体育教学仪器与设备等。学校的硬件体育设施是否健全与完善，不仅会影响体育教学活动的内容，还会影响体育教学活动的质量。具体来看，体育教学设施是支撑体育教学活动开展的重要基础，在其健全与完善的情况下，体育教师在体育教学内容的安排方面便会有更多的选择，而当体育教学内容丰富时，教学效果自然会变好。若是体育教学设施较为缺乏，那么体育教师在安排体育教学内容时，只能基于现有的体育设施，不仅无法丰富体育教学内容，甚至很多体育教学内容都无法安排。在这样的情况下，体育教学的效果自然有限，要实现体育教学的目标也会变得更加艰难。

除了硬件体育设施，班级规模也是体育教学物理环境的一个重要组成部分。这是因为班级规模会对学生的学习态度产生直接影响。实践证明，在规模较小的班级中，学生通常会有异常活跃的表现，因而更容易使体育教学取得理想的效果；在规模较大的班级中，学生则经常表现得束手束脚，参与体育教学的积极性和主动性也比较差，体育教学的效果自然也不会理想。因此，班级规模也是影响体育教学的一个重要物理环境因素。

（二）时间环境

这里所说的时间环境指的是能够影响体育教学活动开展的时间因素。体育教学的时间因素，既看不到也摸不着，但对体育教学的影响却是不容忽视的。在体育教学时间因素的影响下，体育教师需要合理地安排体育教学计划，确保体育教学时间能够得到合理利用。与此同时，体育教师需要考虑某一体育知识或体育技能最佳的传授时间，否则不仅无法获得最佳的教学效果，还会影响学生参与体育学习的积极性和主动性。

对高校当前的体育教学活动进行分析会发现，很多高校并未对体育教学时间进行合理安排，不仅教学时间相对集中，而且还基本都是其他课程选课之后剩余的时间。[①]这样的体育教学时间安排会制约学生参与体育教学的积极性，甚至可能会使学生产生厌烦情绪。

（三）心理环境

体育教学的心理环境是一种隐性的教学环境，但对体育教学的影响是不可忽视的。这里所说的体育教学的心理环境主要指的是学校的校风、课

①卢竞荣．“长三角”普通高校体育教学环境的现状与发展对策研究[J]．沈阳体育学院学报，2009，28(01)：82—84．

堂教学氛围、师生以及生生之间的关系等。其中，学校的校风是在漫长的发展岁月中逐步积累起来的，能够对学生的心理产生潜移默化的影响，因此所有的学校都极为重视校风建设，希望学生能够在健康积极的校风中不断成长。体育课堂教学氛围是对绝大多数学生共同情绪的直接反映，会影响到学生参与体育课堂教学的积极性和主动性，因而在开展体育教学的过程中也要注意营造良好的体育课堂教学氛围。师生以及生生之间的关系，反映的是学校中的人际关系情况。人际关系能够对学生心理产生直接影响，且人际关系是在体育教学活动中形成的，因而体育教师要想提升体育教学的效果，就必须注意在体育教学过程中引导学生发展积极的人际关系。

二、高校创设良好体育教学环境的重要性分析

（一）提高高校体育教学的效果

前面已经多次提到，高校体育教学的效果会受到体育教学环境的直接影响。具体来看，在良好的体育教学环境中，学生能够在参与体育教学活动时保持高昂的情绪，进而以更加饱满的热情投入到体育学习中，体育教学的效果自然会好。反之，体育教学环境较差，学生的学习态度消极，体育教学的效果自然也不会好。从这一角度来说，高校创设良好的体育教学环境能够有效提高体育教学的效果。

（二）促进高校学生身心的健康发展

高校体育教学的效果与质量会受到体育教学环境好坏的直接影响，而体育教学的效果与质量又会影响学生对待体育教学活动的态度与行为。在体育教学效果与质量都良好的情况下，学生自然会被吸引到体育教学活动之中，并积极参与教学活动。如此一来，学生的身心都能在体育教学活动中得到健康发展。对于这一点，很多学校的体育教学实践都证明了此观点。

（三）规范高校学生的行为

体育教学环境对学生的行为也有一定的规范作用，能够使学生认识到遵守社会规范的重要性，并切实对社会规范予以贯彻，在此基础上，还能够树立起正确的价值观和行为准则。

体育教学活动既可以在室外进行,也可以在室内进行,但都需要考虑体育教学的目标与任务。为了实现体育教学的目标与任务,培养出符合国家和社会需要的人才,体育教师就需要在体育教学活动中对学校已有的体育资源进行最大限度的合理运用,通过教学方法和教学组织形式,为学生创造一个健康的体育教学环境,并引导学生在这样的体育教学环境中有所成长。因此,为了保证体育教学效果能够不断提升,很有必要在构建体育教学环境时,融入具有强大约束力的精神氛围,使学生能够在潜意识中认识到规范自身行为的重要性。从这一角度来说,高校创设良好的体育教学环境能够在一定程度上规范学生的行为。

(四)提升高校学生的审美能力

高校学生在良好的体育教学环境中,能够感受到体育运动之美,并逐步养成健康的体育运动审美观和审美情趣。也就是说,良好的体育教学环境能够提升学生的审美能力。具体来看,体育运动本身是具有一定美感的,而且这种美感是粗线条的,属于暴力美学的范畴。学生往往要经过成千上万次的训练,才能够正确熟练地掌握体育运动中的技术动作。在这种反复性的练习中,学生的技术会逐渐巩固,一旦做出优美的技术动作,人们就能够从中看出体育运动之美。

当然,仅仅依靠学生自己来发展体育运动之美是有些困难的,需要体育教师发挥指导作用,教授给学生观察体育运动之美的方法与策略。当学生掌握了这些方法与策略后,便能够更细微地观察体育运动,并发展体育教学活动中所蕴含的体育运动之美。长此以往,学生的审美能力自然会得到提高。

三、高校体育教学环境的优化策略

高校体育教学活动并非是一成不变的,高校要想充分发挥体育教学环境在体育教学中的积极作用,就需要依据体育教学活动的发展状况,不断地对体育教学环境进行优化。

(一)高校优化体育教学环境的基本原则

高校在优化体育教学环境时,不可盲目进行,需要遵守一些基本的优化原则,以确保优化后的体育教学环境是良好的,能够发挥积极的作用。

一是客观性原则，即高校在优化体育教学环境时要充分考虑到自己体育教育的实际情况，以及自身所具有的、未来可进一步发展完善的体育资源，同时还要考虑到学生的体育发展需求。只有在综合考虑这些因素的基础上优化体育教学环境，才能保证其可行性和有效性。

二是综合性原则，即高校在优化体育教学环境时，可以从多角度着手，从多个方面对体育教学环境进行优化。比如，同时完善学校的体育设施设备、合理安排体育教学时间、营造浓厚的体育学习氛围等，比单独优化其中一项措施能够得到更好的效果。

三是因地制宜原则，即高校在优化体育教学环境时，要考虑到自身所处地域的自然条件优势，在发挥优势的基础上优化体育教学环境，这样不仅更容易完成教学目标，也有助于当地地域文化与体育文化的传承与发展。

四是简便性原则，即高校在优化体育教学环境时，要尽可能采用简单、便捷的措施，确保付出较少的精力也能获得较好的优化效果。

五是个性化原则，即高校在优化体育教学环境时，要尊重学生的个性，确保学生能够在该环境的影响下形成良好的个性化人格。

六是主体性原则，即高校在优化体育教学环境时要切实尊重学生的主体地位，并积极吸引体育教师和学生参与到体育教学环境的优化过程之中。这样优化后的体育教学环境，不但更易获得师生的认可，而且能够保证体育教学取得更好的效果。

（二）高校优化体育教学环境的有效措施

高校在优化体育教学环境时，除了要遵守上面的基本原则，还需要借助一些有效的措施。因此，下面将以高校整体的体育教学情况以及体育教学环境创设情况为依据，提出几个可行的体育教学环境优化措施。

1.对体育教学的班级建制进行优化

就当前高校体育教学的现状而言，体育课程多以选修课的形式进行，因而在某一时间的某一班级的体育教学中，学生来自同一院系的各个专业，且人数较多。在这种情况下，有限的体育场地、体育器材和体育教师资源，导致课堂上每一位学生只能享受很少的体育资源，体育教学的效果自然很难提高。要改变这一情况，就需要高校以自身所具备的体育场地、体育器材以及自身体育教学的实际特点为依据，尽可能减少班级人数，实行小班授课。如此一来，师生之间、生生之间都会有更多的机会和时间进行互动，学生学习体育的积极性和主动性也会得到提升，体育教学的效果自然也会不断提高。

2.对体育教学的硬件设施进行优化

就目前而言，很多高校在开展教学活动时，对体育教学活动并未予以足够重视。正因如此，高校在体育硬件设施方面的投入是有限的，甚至可以说是很少的。

大多数高校当前已有的体育硬件设施，虽然能够基本维持学生体育锻炼的需求，但是伴随着学生体育锻炼需求的日益多样化，以及社会对全面发展的人才的需求越来越大，高校必须重视体育教学，加大在体育教学设施和场地建设方面的资金投入力度，确保能够满足学生多元且日益复杂的锻炼需求。

除此之外，要重视对体育硬件设施的维护，这不仅能够提高体育硬件设施的利用效率，还能够保证体育硬件设施的安全性，确保体育教学活动开展过程中不会出现安全问题。

3.对体育教材进行优化

在高校体育教学的物理环境中，体育教材是不可忽视的一部分。高校由于普遍对体育教学不够重视，因而其所使用的体育教材存在很多问题，如内容陈旧、与体育教学过程的结合度不高、不符合学生的实际体育需求等。很明显，这样的高校体育教材不仅不能帮助学生学习，还会制约学生参与体育学习的积极性和主动性，影响高校体育教学的效果。因此，高校在优化体育教学环境时，对体育教材进行优化也是一项有效措施。而在具体优化体育教材的过程中，高校应特别注意以下几个方面。

一是要不断提高体育教师的科研能力，丰富体育教学的教学经验，引导其在教学过程中不断探索知识与融合技能，并将探索结果融入体育教材。也就是说，高校必须重视由一线体育教师来编写体育教材。二是要切实站在学生的身心发展特点和体育需求的基础上来优化体育教材，以保证体育教材能够在体育教学过程中发挥积极作用。三是要考虑到学校自身的实际情况以及体育师资队伍的建设情况来优化体育教材，以保证体育教材的有效性和可行性。

只有切实做到了以上几点，优化后的高校体育教材才能有效促进学生的身心发展，实现高校体育教学的目标。

4.不断提高体育教师的教学能力

高校体育教师的主要组织者是体育教师，而体育教师是体育教学软环境中不可或缺的一部分，因而高校在优化体育教学环境时，也要重视提高体育教师的教学能力。高校提高体育教师教学能力的方法有很多，以下几个可供参考。

一是进一步完善体育教师的岗前培训，确保体育教师在入职之前便已具备较为完善的体育知识和教育理论，并形成良好的体育技能，掌握一定的体育教学经验。二是高度重视体育教师的在职培训，通过定期或不定期开展类型多样的体育培训活动、体育座谈会或体育讲座，来提高体育教师的专业知识与技能水平。三是提高体育教师对体育教学问题的发展与解决能力，确保其在体育教学中遇到问题时，能够及时做出合理调整，保证教学的有效性。四是提高体育教师的教学设计能力，确保其不仅能合理地安排教学内容，也能恰当地安排教学实践，以保证体育教学的效果。

总之，高校在优化体育教学环境的过程中，必须积极采取有效的措施来提高体育教师的教学能力，这对于体育教学质量的提升也有积极的意义。

第五节　高校体育教学过程的优化

高校体育教学过程主要包括课前、课中和课后三个部分。教学方法、教学模式、教学评价等主要是对课中的论述，因此下面分别就高校体育教学过程中的课前和课后进行说明。

一、高校体育教学过程中的课前优化

在高校体育教学中，课前的准备工作对于提高教学质量至关重要，以下是一些优化课前策略的建议。

其一，备学生。学生是实施高校体育教学的对象，体育教学一切活动的安排与教学情境的创设都是为了让这些主人翁增强体质而展开的。教师应全面分析学生的起点能力，了解学生已掌握的内容，确定单元目标和课时目标。同时，注重对学生非智力因素的分析，激发学生的学习兴趣和内在动机。

其二，备教材和场地。教师应深刻透彻地理解教材内容，确保教学设计与教材紧密结合，提高课堂教学的针对性和有效性。同时，针对不同的教学内容和时间、天气等影响因素，教师应合理选择和安排学校场地、器材，确保教学活动顺利进行。

其三，线上教学设计。教师根据学生的知识基础，设计线上预习及自学内容。教师利用互联网收集课程相关教学资源，结合学生的学习能力，对资源进行整合和创新，分层设计导学内容。通过线上平台发布教学任务、预习知识点、分组任务等形式导航学习目标，使学生有抓手。在线上平台发布与教学内容相关的影像资料、图片信息等资源，选择学生喜欢的较为灵活多变的学习方式，为学生做好课程前导学习提供便捷的途径。学生通过线上平台了解教师发布的教学任务，预习知识点，以达成小组任务的形式完成课前导学习目标。学生可以利用线上平台、多媒体等学生感兴趣的现代化手段探索更加新颖的内容，激发学生学习情趣，拓宽了学生的学习渠道，也调动了学生学习的自觉性、积极性，充分做好课前导学。学生也可以通过线上平台提供的班级群或主题讨论等方式及时地与授课教师进行互动，学生之间也可以互相沟通交流，对自己在学习中遇到的困惑或学习的心得体会进行交换，及时沟通交流，快速解决遇到的各种问题。①

二、高校体育教学过程中的课后优化

课后学练环节也是高校体育教学必须考虑的重要部分，教师可以引导学生将教学过程中所获取的经验应用于日常训练当中。这就要求高校体育教师充分参考体育课堂教学的课中数字化、智能化教学过程实况及学生的运动实践表现来设计多元化的体育教学评价方式与课后体育运动的学练辅导，为解析课中存在的困扰。教师应对不同学生的学习效果设计出不

①郑雅青，胡微，姜娟，等．基于SPOC“线下、线上”混合式教学设计探究——以沈阳体育学院《健身气功》课程为例[J]．辽宁体育科技，2020，42(04)：155—159.

同的学练方案,并依托互联网平台或手机移动平台的线上数字化、智能化的体育课堂教学支持更好地开展课后辅导,为学生授业解惑,为学生布置课后有关体育运动的作业并及时审阅。

另外,学生的课外体育运动时间也非常重要,特别是对高校体育教育而言。高校的课程相对而言不会过于密集,高校学生的课外闲暇时间多,这就为课后体育运动奠定了时间的基础。教师应注重学生的课后体育运动的学练拓展,让学生形成自主探究式学练的观念,在课后的学练中积极消化吸收体育课堂教学知识,扩展运动技能,提高运动技术,也进一步拓展体育运动的知识面,形成与巩固学生的运动思维,从而进一步推动学生参与体育运动的热情与积极性。高校应以学生为中心,加大体育场馆和体育设施器材的开放度。高校应安排相关人员管理对体育场馆和设施的使用,做到除正常的教学活动外,面向所有学生开放。另外,教育部门可以协调相关体育部门,逐步建立起一套有序可行的体育场馆开放的协调管理机制,为体育场馆向社区开放创造现实条件。还可以通过体育运动赛事相关主题的形式向高校学生进行邀约,吸引学生积极参与相关体育运动赛事,以期通过以赛代练的方式提高学生的学习成果。

第六节　高校体育教学模式的优化

随着信息技术的发展,线上线下混合式教学模式逐渐成为高校体育教学的新趋势。传统体育教学模式已经无法满足现代教育的需求,因此,探究线上线下混合式高校体育教学模式的必要性和紧迫性尤为凸显。

一、线上线下混合式教学模式概述

(一)线上线下混合式教学的教育理论基础

线上线下混合式教学是一种在数字化和网络化背景下,将传统课堂教学和在线教学相结合的新型教学模式,它同时汲取了传统课堂教学和网络教学的优点,并且弥补了两者的不足之处,为高校体育教学提供了新的思路和方法。建构主义学习理论认为,学习是学习者在一定的社会文化背景下，借助他人的帮助，利用必要的学习资料，通过意义建构的方式获得的；人本主义学习理论强调以人为本，尊重学习者的内在需求和情感体验，注重其自我发展和自我实现。多元智能理论认为，人的智力是由多种智能组成的，每个人的智能结构都有其独特的优势和不足，因此应该尊重学生的个性差异和不同的学习方式，为他们提供多样化的学习资源和教学方式。自主学习理论则强调学习者在学习过程中的自主性和自控性，认为学习者应该对自己的学习过程进行自我监控、自我调节和自我评价。

（二）线上线下混合式体育教学的优势

线上线下混合教学模式通过将网络信息化教学模式与传统教学模式的"双向优势"相结合，既可发挥任课教师在教学过程中的主导作用，又可充分体现学生在学习过程中的主体地位。①具体来说，线上线下混合式体育教学的优势主要体现在以下几个方面。

第一，提高教学质量。线上线下混合式体育教学能够整合各种教学资源，使教师能够更好地把握学生的学习特点和需求，制订更为科学合理的教学方案，提高教学质量。

第二，增强学生学习自主性。线上线下混合式体育教学能够为学生提供更为灵活多样的学习途径和个性化的学习方案，使学生的学习不再受时间和地点的限制，增强学生学习的自主性和积极性。

第三，实现个性化教学。线上线下混合式体育教学可以通过网络平台等手段全面记录学生的学习情况、运动数据等，使教师能够更好地了解学生的身体素质、运动技能掌握情况，为每个学生制订个性化的教学方案。

第四，促进师生互动交流。线上线下混合式体育教学可以利用网络平台等手段实现师生间的及时互动交流，帮助学生更好地解决学习中遇到的问题和困难，提高学生的学习效果。

二、线上线下混合式高校体育教学模式的影响

（一）线上线下混合式高校体育教学模式对教学质量的影响

线上线下混合式教学模式是一种创新的教学方式，它能够通过结合在

①黄兵，陈远生．线上线下混合教学模式在高校体育教学中的运用研究[J]．大学，2021(11):78—81.

线教学和传统课堂教学的优点，提高教学质量。这种模式提供了更加丰富的教学资源和更加多样的教学形式，例如在线观看教学视频、在线讨论、在线测评等，不仅可以补充传统教学的不足之处，还可以使学生在任何时间、任何地点进行学习，从而提高学生的学习效果。

通过线上线下混合式教学模式，教师可以更好地满足学生的学习需求，激发学生的学习兴趣，增强学生的学习动力。同时，这种教学模式还可以提高教师的工作效率，例如通过在线测评和在线反馈，教师可以更加快速、准确地掌握学生的学习情况，从而更好地指导学生学习。

（二）线上线下混合式高校体育教学模式对学生的影响

线上线下混合式教学模式能够更好地满足学生的学习需求，并且可以激发学生的学习兴趣和学习动力。这种模式提供了更加灵活、多样的学习方式，例如学生可以根据自己的学习计划和进度，自主选择线上或线下的学习方式，避免传统教学中学生被动接受知识的局面，而是主动地参与学习，从而提高学生的学习效果。

此外，线上线下混合式教学模式还可以培养学生的自主学习能力和创新能力。学生可以通过在线搜索相关资料、在线交流等方式，自主探究问题并解决问题，这种学习方式不仅可以帮助学生更好地掌握知识，还可以让学生学会如何学习，从而提高学生的综合素质。例如，学生可以在学习过程中自主安排学习时间和地点，自由选择学习内容和学习方式，这将极大地激发其学习兴趣，增强其学习动力，从而更好地实现自主学习和创新发展。

三、线上线下混合式高校体育教学的发展策略

（一）教学模式改革

1.线上教学资源的开发与利用

在高校体育教学中，充分利用互联网和信息化手段，积极开发优质、多元的线上教学资源十分必要。线上教学资源的开发与利用包括很多方面。为了满足学生在课余时间进行自我学习和锻炼的需求，教师们需要精心制作高水平的教学视频。这些视频应该内容全面、条理清晰、易于理解，可以帮助学生掌握正确的体育技能，提升运动效果。同时，还可以提供各类

学习资料和在线课程，例如运动解剖学、运动生理学、体育心理学等相关领域的电子书籍、PPT、教学录像等，以帮助学生更好地理解和掌握体育知识。

2.线下教学活动的设计与组织

线下教学活动的设计与组织在线下体育课程中同样至关重要。教师需要结合线上教学资源，制订合适的课堂教学计划，将线上与线下教学内容有机地结合在一起，这可以确保学生在课堂学习和课余自我锻炼中获得更为全面的学习体验。教师需要精心设计和组织课堂教学活动，包括分组讨论、项目实践等活动，提高学生团队协作和运动技能的实际应用能力。例如，在篮球课程中，教师可以安排学生分组练习传球、投篮等技巧，然后进行小组比赛，以评估他们的技能掌握程度。

（二）课程设置与优化

1.课程目标与内容的整合

在混合式高校体育教学中，课程目标与内容的整合至关重要。首先，教师在设计课程时应明确教学目标，与学生的实际需求和学科特点紧密结合。例如，如果教学目标是培养学生的运动技能和增强学生的身体素质，那么教师就应该围绕这个目标选择和组织相关教学内容。

教学内容的选择同样重要。一方面，教学内容应该反映出体育学科的基础知识和技能，例如运动解剖学、运动生理学、体育心理学等。这些内容可以帮助学生掌握体育运动的基本原理和方法，为后续的实践打下坚实的基础。另一方面，教学内容也应考虑学生的兴趣和需求，例如流行的体育项目、健身方法等，这些内容可以激发学生对体育的兴趣和热情，提高学生的学习积极性和参与度。

2.课程难度与进度的合理安排

在混合式高校体育教学的课程设置过程中，教师需要充分考虑课程难度，以确保学生在体育技能和身心健康方面获得最大的学习收益，同时避免施加过度的压力。

首先，针对不同学生的体育技能和健康状况，教师需要制订合理的课程难度级别。这可以通过对学生的学习背景、体能水平以及对相关技能的掌握程度进行全面评估来实现。例如，对于有一定体育基础的学生，可以设置相对较高的难度级别，以帮助他们进一步提升技能和体能；对于初学者或身体条件较差的学生，应设置相对较低的难度级别，以避免他们在学习过程中遇到过多的挫折和困难。

其次，教师需要确保课程进度适当。在混合式体育教学中，既要考虑线下教学的实际情况，也要适应线上教学的节奏。教师需要制订合理的课程计划，确保学生在每个阶段都能够跟上进度。线下教学过程中教师可以通过观察学生的表现和反馈及时调整教学策略；线上教学过程中教师可以通过设置阶段性测验和反馈来了解学生对教学内容的掌握情况。

3.课程评价方式的改进

课程评价是高校体育教学的重要组成部分。对于混合式体育教学，教师应重视并改进课程评价方式，不应只关注学生的成绩，而应充分考虑学生学习过程中的表现和进步。此外，评价方式应多样，可以包括考试、作业、项目评定和个人反思等不同形式。同时，教师还可以引入学生互评和自我评价等方式，以更全面地了解学生的学习情况。

（三）教师队伍建设

1.教师角色的转变

在混合式高校体育教学中，教师的角色需要进行相应的转变。教师不再仅仅是知识的传授者，还需要成为学生学习的引导者、辅助者和协调者。教师需要适应新的教学模式，关注学生的学习进程并及时调整教学策略，以便更好地帮助学生掌握知识和技能。此外，教师还需要积极关注学生的生活和心理状态，以更好地促进学生的全面发展。

2.教师教学能力的提升

在混合式高校体育教学模式下，教师教学能力的提升至关重要。首先，教师必须掌握现代信息技术，比如熟练操作在线教学平台、录制和剪辑教学视频等，这些技能能够帮助教师更好地利用线上教学资源，从而提高教学质量和效率。此外，教师也必须不断提升自己的专业知识和教学技能。混合式教学需要教师具备较为全面的能力，比如设计合适的线上线下相结合教学方案、进行有效的课堂管理和学生评估等。教师需要坚持不懈地学习和掌握新的教学理念和方法，以满足学生的学习需求。同时，教师还需要积极参加各种培训和学习活动，例如专业的培训课程或学术研讨会，以了解最新的教育教学趋势，学习其他教师的成功经验，从而不断提升自己的教学水平。在此过程中，教师还需要不断更新自己的教学理念和教学方法，以适应不断变化的教育环境和学生需求。

3. 教师激励机制的完善

为了提升教师队伍的整体素质和教学水平，高校需要采取一系列完善的激励机制。首先，应该优化教师薪酬制度，提高教师的待遇和福利，使教师感到自己的辛勤付出能够得到认可和回报，从而激发他们的工作积极性和创造力；其次，高校应该建立一套完善的评价机制，对教师教学和科研工作进行全面、客观、公正的评价。评价结果应与教师的晋升、奖金和福利待遇直接挂钩，从而达到激励的效果。同时，高校应鼓励教师参与学术交流活动，提升其科研能力和学术素养，对取得突出成果的教师给予相应的奖励。

综上所述，线上线下混合式高校体育教学模式是一种创新的教学方式，它融合了线上和线下教学的优势，有望提高高校体育教学的效果和质量。教育部门应该提供相应的技术支持和培训，确保教师和学生能够熟练运用线上教学平台和工具。教师需要不断更新教学理念和方法，结合线上线下教学资源，设计合适的教学内容和任务，激发学生的学习兴趣和动力。

第七节　高校体育教学评价的优化

一、高校体育教学评价存在的问题

（一）高校体育教学评价缺乏科学的指标体系

评价指标体系建设的目的是通过构建一系列标准使体育评价成为可重复操作、具有较高科学性的项目。高校体育教学评价指标体系应包括评价时间、场合、评分标准及同一项目下各个环节所占分值比例与标准等内容。而目前高校体育教学尚未构建科学明确的指标体系，缺少高校对外公布规范的体育教学评价操作手册、评分指南等文件。[①]此外，许多高校多年来沿用同样的评价标准进行体育教学评价，并未随着时代的发展变化而改变教学条件、学习需求等因素。评价指标一经确定，修改需要复杂的程序，还可能面对各方的质疑，进一步增加体育教学评价的难度。

（二）高校体育教学评价方法较为单一

目前，高校体育教学评价通过一次或若干次的现场实操并由教师打分的形式进行。一方面，相对单一的评价方法容易受环境的影响，对真实水平的代表性不一定准确。例如，较为内向的同学，可能在考核过程中面对其他同学的观摩容易紧张，导致水平发挥失常；在考核时间段部分同学由于身体原因无法发挥正常水平。单一的评价方法更侧重对学生体育动作掌握情况，忽视了对体育理论、健康常识、体育运动中的团队合作精神、自我觉察与自律品质等方面的考查，更多停留在表面与形式主义。另一方面，教师打分的形式对于跳远、跑步等相对容易量化评价的项目适用性较高，但对于考验动作精确度与美观度等多方面因素的健美操、太极等，容易掺杂教师的主观色彩，影响评价的准确性。

（三）高校体育教学评价缺乏有力完善的保障体系

一方面，高校体育教学评价应立足于增强身体素质、培养体育精神，因此其评价结果更应侧重于反馈功能的应用与落实，即通过评价分析反思目前体育教学中内容、形式、方法等方面的不足，寻找学生体育活动中的痛点与难点，并不断调整改进。目前，高校体育评价结果并没有完善的保障体系。另一方面，高校教师出于为学生考虑，不会将不好的评价结果体现在学生档案中。同时，体育教学评价结果还存在一定的机制漏洞，部分学生甚至可能会以身体不适等借口蒙混过关。

（四）评价反馈具有延时性和效果差等特点

高校体育教学评价的反馈效果并不能及时影响教师和学生。教学评价的反馈不仅仅指考试的分数与排位，其内涵与归属应侧重于通过评价的形式促进教与学的互动。一方面，教师通过对学生教学评价了解学生的水平与层次，从而做出有针对性的教学调整。另一方面，学生不应该以过分

①傅森．对体育教学质量影响因素的研究[J]．中国教育学刊，2018（S1）：59—60+78.

功利的心态在考前采取突击式训练，而应根据教学评价持续改进，从而促进身体素质真正提升。

二、高校体育教学评价的优化策略

大数据具有覆盖广、容量大、可操作等特点，近年来被广泛运用于各行业的发展。大数据在教学评价，尤其是高校体育教学评价中具有积极的意义。一方面，大数据的运用能为高校体育教学评价提供理论指导。目前，高校体育教学评价缺乏科学指标体系、评价方法、评价保障与反馈等，部分源于从事一线体育教学的教师大多数是体育专业出身，受自身教育成长环境的影响，在体育教学过程中过于注重体能与动作训练，在理论研究与探索上较为薄弱。同时，从事体育理论研究的科研人员对高校一线体育教育教学了解不够深入细致，导致当下的体育教学评价现状不容乐观。而大数据为解决这一系列困境提供便捷有利的工具。另一方面，大数据的运用为高校体育教学评价提供实践参考。在体育教学与评价中，教师常常凭借自身的经验对学生进行动作指导和主观评价，却忽视了身体素质的个体性差异以及专业群体与非专业群体间的水平与目标差异。可能导致单一的体育教学评价方法对教师评价的宽严标准不一、对学生的身体素质了解不够等情况。通过大数据有助于了解大样本下体育教学评价的现状及多维度下的评价，有助于提升体育教学评价的客观性。下面就运用大数据手段改进高校体育教学评价的策略进行分析。

（一）运用大数据构建体育评价指标体系

第一，收集指标。首先要运用大数据通过派发问卷等方式广泛收集业内相关的做法，了解评价指标的分布。其次，通过对数据的编码及整合，提取具有普适性和适用性的评价指标。例如，在高校使用频次与频率较高的指标虽然表述方式上可能存在一定差异，但通过大数据进行提取后即具有较高的推广适用意义。第二，构建体系。通过大数据提炼了体育教学评价指标后，需要对指标进行分类，使同类指标指向体育教学评价的具体维度。例如，动作类体育活动的评分除了传统的动作完成效果外，还应包括动作准备、过程性动作的准确度等。同时，通过大数据分析，还能为体育教学评价指标构建模型，了解同类指标下当代高校学生的平均水平，为客观评价提供科学依据。此外，各类指标下的细分项分值占比不平均，通过大数据的整合与分析，能够对指标进行长效观察，进而了解不同指标的影响力与重要性，构建合理的指标比例体系。第三，完善指标。由于身体素质的变化与体育教学调整，指标体系在设置后并不是一成不变的。通过大数据的检测能够及时预警过分偏离指标的情况，进而及时进行教学干预或指标体系调整。同时，通过大数据手段完善高校体育教学评价指标，能最大限度避免“牵一发而动全身”的窘境，规避传统教学指标体系调整过程中的征集意见、试行等步骤中印发纸质文件的烦琐，通过大数据使指标的调整和呈现一目了然。

（二）运用大数据改进体育教学评价方法

首先，改进评价过程。一方面，大数据能够从横向角度为过程性评价方法的改进提供参考。通过大数据能够掌握更大范围的评价方法，有助于拓宽体育教学评价的可选范围。另一方面，大数据还能够从纵向的角度完善过程性评价方法。随着体育教学深入，个体在体育动作技能和身体素质上都可能产生改变，大数据能够通过提供更全面的检测方法，从动作过程、体脂率、心率等指标全面了解个体的提升情况，了解个体的改变是仅停留在表面动作操作还是真正达到身体机能改进，进而达到下一阶段的体育教学目标。其次，改进评价工具。一方面评价工具的改进有助于增强教学评价的说服力。以常见的体育教学项目跳远的评价为例，传统评价中教师通过观察，运用皮尺等工具测量学生一次或若干次跳远的距离，容易产生角度偏移、尺子松动甚至记录失误等。运用大数据手段，可以通过红外划线等工具自动监测距离，并能够即时与学生以往的练习数据比对，最大程度避免了测量误差以及意外因素下的发挥失常。另一方面，大数据手段下评价工具的改进，使评价方法有更大的可创新空间。可以通过运动手环、运动轨迹检测仪等科技工具收集体育教学活动中的大数据，为轨迹评价、定频评价等评价方法的科学实现带来可能。

（三）运用大数据扩大体育教学评价主体

在大数据视野下，首先评价主体可以转变为学生互评。运用大数据手段，使学生的矩阵式互评成为可能，且能够通过数据程序扩大矩阵范围。其次，运用大数据还可以促进学生自评。自评有助于激活学生主观能动性，大数据手段有助于学生实时上报运动状态、体育活动中的感受等，为教学评价提供多维的参考。此外，运用大数据拓宽教师评价的外延范畴。传统高校体育教学评价中，评价主体中的教师常狭义地局限为体育教学的教师，而在新时代教育中，常提倡大教学、大思政的理念，各教育教学主体也应该纳入广义的体育教学队伍中，从而参与到高校体育教学评价中。例如，设计整体教学评价体系的教育研究者，参与到体育教学评价中，一方面能够帮助其验证现有体育教学评价体系的合理性，另一方面也有助于深化其对体育教学评价的研究。据此，运用大数据手段，能够通过视频录制等形式记录典型性体育活动过程，进而通过系统连接、数据比对等方式将各方评价进行有机整合，使体育教学评价不局限于现场实地观摩，有效提升了体育教学评价的全面性与科学性。

（四）运用大数据做好体育教学评价保障及反馈

第一，教学评价保障上。首先，落实评价结果应用。大数据手段下的高校体育教学评价结果应用能够得到最大限度的保障。我国高校普遍存在严进宽出的取向，高校体育教学评价结果也未能得到有效运用。通过大数据手段，能够建立学生体育学习档案、高校学生体育档案库，杜绝部分体测不达标、不参加体育学习学生的侥幸心理，有助于确保体育教学评价结果的有效应用以及阳光体育的推行。其次，建立长效保障机制。目前，高校虽然将体育教学评价结果作为整体评价的参照指标之一，如此一刀切的体育教学评价，不利于对学生身体素质乃至体育精神的长效培养。通过大数据手段，有助于打通家校沟通渠道，甚至发挥社会影响力，实现全方位教育因素的有效互动，促进体育教育评价长效保障机制的形成。

第二，教学评价反馈。首先，提高反馈效率。通过大数据手段收集的体育教学评价数据，应及时在后台系统进行整合。一方面，及时形成系统性报告反馈给学生个人。大数据的应用使信息反馈不仅局限于单一的分数，还能细致化地展现评价指标乃至学生个人的分布水平，促进学生对体育学习的改进与提升。另一方面，大数据手段的反馈结果应及时在教师中呈现。在下一阶段或其他体育项目的学习中，学生很有可能更换体育教师，而通过大数据平台的搭建，下一任教师也能及时有效地提前了解学生的基础，以便因材施教。其次，加强反馈保护。一方面，体育教学评价数据涉及学生身体机能乃至身体健康等隐私数据，通过大数据手段进行针对性反馈有助于信息保护。另一方面，学生可能也会对体育教师或体育教学的设置有主观性的意见，通过建立大数据手段匿名反馈机制，有助于促进学生真实意见与建议的表达。

总之，大数据手段是改进高校体育教学评价的利器，有效运用大数据手段，能从评价指标、评价方法、评价保障、评价反馈等维度改进高校体育教学评价。只有如此，才能够真正发挥大数据的数据体量大、数据类型多、处理速度快、价值密度低的优势，实现更加科学化、全面化、精准化的高校体育教学评价，推动高校体育教学改革目标的顺利实现。

第四章　高校体育教学中的身体素质训练

第一节　高校体育教学身体素质训练概述

一、身体素质发展的敏感期

我国关于身体素质的研究可追溯到20世纪80年代,但对于身体素质的定义大多都大同小异。身体素质的概念是在体育运动的基础上被提出来的,可以体现在身体的多个方面,包括力量素质、速度素质、柔韧素质、灵敏素质以及耐力素质。顾明远认为,身体素质是保证人体进行机能活动的一种能力,包括人体在活动时所表现出来的力量、耐力、速度、灵敏性、柔韧性等能力。[①]邓树勋认为,身体素质是机体在肌肉活动中所表现出来的与灵敏、力量、耐力、速度及柔韧等有关的基本身体能力。[②]综上所述,在此将身体素质定义为人体活动的能力,这种能力体现在力量、速度、耐力、灵敏以及柔韧性等五个方面。

(一)力量素质

力量耐力是肌肉长时间克服阻力的能力,相对力量是人体体重所具有的最大力量。力量素质发展的敏感期一般在13—17岁,在20—30岁达到最高峰。高校学生的年龄一般都在17—24岁,刚好处于发展力量素质的黄金时期。

(二)速度素质

速度是指物体运动的快慢程度,主要包括反应速度、动作速度、位移速度三种。从速度素质发展的特殊性来看,男生19岁之前、女生8—13岁时是发展速度素质的黄金时期,且速度素质会随年龄的增长有所提高,在达

①顾明远. 教育大辞典[M]. 上海:上海教育出版社,1991.

②邓树勋. 运动生理[M]. 北京:高等教育出版社,1999.

到高峰值后趋于稳定。

(三)耐力素质

耐力素质是指机体能否坚持长时间工作或在运动过程中能否克服疲惫的能力,一般包括肌肉耐力和心血管耐力两种。耐力素质发展的敏感期主要为青少年时期。这段时期内青少年的心血管系统和呼吸系统等生理机能还未发育完全,因此此时发展耐力需要以有氧耐力训练为主。

(四)灵敏素质

灵敏素质也是一项综合性素质,它要依靠整合协调性、速度、反应能力、耐力和力量等完来完成动作。灵敏素质发展的敏感期在10岁以后,在青春期的增幅较为明显,在15—16岁后逐渐缓慢,但经过多次动作练习,“由少至多、由简到繁、由生到熟”等过程是可以“熟能生巧”地提高灵敏素质的。

(五)柔韧素质

柔韧素质是人体关节向不同方向运动的能力,以及肌肉、肌腱、韧带等软组织的伸拉范围和程度等。柔韧素质发展的敏感期在1—7岁。由于幼儿体质特殊,骨骼中有机物的占比高于无机物,这就导致其骨骼弹性较大且具有很强的韧性,在此基础上加以练习,是比较容易发展柔韧素质的。但这一阶段幼儿的骨骼虽然韧性大,却硬度不足,因此在训练中一定要注意体格、体型以及负重等问题,避免出现骨骼畸形或变形等情况。

二、高校体育教学中身体素质训练的重要意义

(一)有利于提升体育教学的成效

身体素质训练作为高校体育教学的补充,对提高体育教学的质量与效率有积极帮助。对于体育教师来说,良好的身体素质能够让体育教学取得事半功倍之效。以篮球项目为例,作为一种运动量较大、对抗性较强的体育项目,要想让学生熟练掌握篮球技巧,提升篮球水平,除了要进行技能、战术的教学外,还必须让学生拥有良好的身体素质,尤其是耐力、速度和爆发力。通过身体素质训练,让高校学生的身体素质能够得到全面提高,这样在开展篮球教学时,学生可以利用灵活、快速跑动完成传接球,或利用强大的爆发力实现三步上篮,以及凭借较强的耐力在比赛的后半场完成

比分的逆转。由此可见，通过身体素质训练让学生获得强健的体魄，能够为高质量高校体育教学奠定扎实的基础。

（二）有利于降低运动损伤的概率

高校体育教学中不乏一些激烈对抗，同时体育运动中的不确定性也会增加学生受伤的概率。开展身体素质训练，有助于增强学生的应急反应能力，使得体育活动中发生碰撞、摔倒等危险行为时，学生能够最大限度采取自我保护措施，从而降低运动损伤的概率，保证自我和他人的安全。例如，男子1000米跑和女子800米跑是高校体能测试的重要项目，一些学生由于平时训练不够，身体素质较差，在体测结束后会出现恶心、呕吐等不适反应，以及肌肉酸痛甚至是小腿抽筋等情况。通过加强平时的身体素质训练，一方面，能够提高高校学生的耐力、爆发力，有助于取得更加理想的体测成绩，并且减轻体育运动后的不良身体状况；另一方面，也能掌握应对突发状况的技巧，防止自己在体育活动中受伤。

（三）有利于促进学生身心全面发展

身体素质训练，除了直接增强高校学生的体能外，还能促进健康心理、开朗性格、乐观心态的形成。高校学生在成长过程中，往往会面临学业、就业、情感、人际交往等多方面的压力，如果学生不懂得自我调适，或没有恰当的宣泄渠道，容易出现焦躁、抑郁等现象，不利于个人的成长与发展。通过开展身体素质训练，相当于为高校学生提供了宣泄负面情绪的渠道。学生可以通过负重跑、收腹跳、高抬腿等多种训练方式，尽情宣泄心中的烦闷情绪。训练结束后，以良好的心态重新投入学习和生活中。同样的，通过身体素质训练，学生的抗压和抗挫能力也会得到提高，在面对学业、就业压力时也能轻松应对，实现身心全面发展。

三、高校体育教学中身体素质训练的原则

（一）全过程渗透健康第一的思想

在健康视域下，高校体育课程教学除了要传授给学生基本的运动技能知识之外，还要致力于向学生渗透体育健康观的理念。只有从主观上加强学生对于健康身心的认知和重视，他们才会全力配合体育教学行为，并在课下自主积极地参与体育活动，进而促进身体机能的全面提升。一方面，

体育教师要充分运用生理学、运动生物力学知识，结合实践训练，进行适当调整和修改，保证高校学生身体素质的提升；另一方面，科学地设置训练的强度，多种教学模式相辅相成，激发学生主动学习的积极性，刺激学生参加体育活动的内动力，引导学生“学以致用”，促进个体的发展和提升。此外，作为一种健康全局观，要求在课程设计、实施和评价全过程渗透健康第一的思想，逐步养成大健康意识和习惯。

（二）课程教学既要灵活变通还要讲求原则

针对高校学生身体素质的差异性，在运动参与的过程中会表现出显著的区别。如果实施一成不变的课程教学方式和内容，势必会造成部分学生的抵触，为此要求课程教学既要灵活变通还要讲求原则。首先，遵循自觉积极原则，避免出现强迫学生进行体育锻炼的现象，在基于学情的基础上，合理地选择锻炼内容，开创一些新的教学方法，培养学生正确认识，不间断地进行体育锻炼。其次，科学营造良好体育氛围，遵循循序渐进原则，有机协调身体素质与心理素质，科学设置锻炼内容、方法，确保课程教学建设的持续性、有效性，进行适当健康干预。最后，遵循安全性原则，采取因材施教的教学策略，完善体育锻炼监管措施，配备完善体育教学资源，将多部门实现协同合作。

（三）引导行为以改善锻炼效果

单靠课堂上的教学训练提升学生的身体素质是远远不够的，体育教师应该注重身体素质训练向课外延伸，让学生利用课余的时间有机安排训练计划和内容，在教师的指引和帮助下顺利地进行体育锻炼。采取必要的调控政策，引入平等的竞赛机制，关注学生全面发展，实施更为科学合理的教学活动。结合学校的资源、特点，在教师正确引导行为调控下，给予精准的培养和激励，使学生知其然并知其所以然。基于“趣缘群体”理念，通过健康第一思想的渗透，依托学校智慧校园建设，一来提供无限的智力能源，强化学生的体育学习动机，对自己进行准确的定位，二来让学生感受到成功的快乐，为学生呈现新鲜感，增强体育的影响力和凝聚力，以取得最佳的锻炼效果。

四、高校体育教学中身体素质训练的优化策略

无论是对于高校体育教学，还是对于学生个人成长，身体素质训练都产生了重要影响，开展高质量、有效性的身体素质训练，成为体育教师的教学目标之一。现结合体育教学实践，总结了以下几种身体素质训练的可行性策略，以期为高校体育中进一步增强身体素质训练效果提供帮助。

（一）加强思想重视，提高身体素质训练的比重

要想让高校学生拥有健康的体魄、养成良好的运动习惯以及实现身体素质的全面提高，首先要从思想层面上重视身体素质训练，其次是通过行动为开展身体素质训练创造良好环境，提供大力支持。学校方面要开展校园宣传，不仅要让体育教师认真对待身体素质训练，而且必须让高校学生将身体素质与个人成长、职业发展联系起来，充分认识到强健的体魄和良好的身体素质是学业成功、职业发展的先决条件。只有转变思想，才能让体育教师和高校学生严肃、认真地对待身体素质训练。在此基础上，还要优化高校体育课程设计，适当增加身体素质训练的课时，例如要求每节体育课必须保留10分钟的时间进行身体素质训练，或每个月至少有2课时用于开展身体素质专项训练。只有课时得到保障，才能让高校学生有充分的训练时间，从而实现身体素质的提高。除此之外，还可以通过开设选修课的方式，让高校学生根据个人的身体状况、兴趣爱好，选择专项的课程进行训练。

（二）坚持因人而异，制订专项身体素质训练方案

高校学生身体素质差异是客观存在的，不同的性别、不同的爱好，都是造成身体素质差异的原因。在高校体育教学中，体育教师首先要通过问卷调查或体能测试等方式，对班级中每一名学生的身体素质有大体的了解。尤其是掌握学生身体素质存在的短板，在此基础上，坚持因人制宜的原则，制订专项身体素质训练方案，帮助学生补齐短板，实现身体素质的全面提高。例如，通过体能测试了解到某学生的速度和爆发力较强，但是耐力较差，体育教师基于这一情况制订个性训练方案，让学生侧重于进行原地高抬腿跑、负重快走、弹力带等训练。经过一段时间的训练后，学生的耐力可以得到显著增强，从而补齐自身短板。体育教师必须认识到，学生

的身体素质是动态变化的,相应的训练方案也并非一成不变,而是要定期开展体能测试,随时掌握学生身体素质的变化情况,在此基础上不断调整、优化训练方案,让高校学生的身体素质得到持续提高。

(三)激发训练兴趣,丰富身体素质训练的内容

无论是专业课程教学,还是身体素质训练,都必须始终坚持兴趣导向原则。只有迎合高校学生的兴趣爱好,才能激发他们参与身体素质训练的内在动力,实现从"教师要求训练"向"学生主动训练"的转变,这也是确保身体素质训练能够取得显著成效的关键所在。为此,体育教师应主动加强与高校学生的沟通交流,鼓励他们勇敢表达对身体素质训练的看法和建议,并根据学生的反馈意见不断调整训练内容、创新训练模式。例如,很多学生反映身体素质训练的方式比较单一,希望开展趣味性、多样性的训练活动。在了解到学生的诉求后,体育教师组织开展车轮跑、收腹跳等训练活动,锻炼高校学生的灵敏性;利用追逐跑、蛇形跑等训练活动,增强高校学生的耐力。这种丰富、趣味的训练活动,让高校学生能够沉浸其中,在参与活动的过程中循序渐进地提高自己的身体素质,让身体素质训练取得事半功倍之效。

(四)完善体制机制,重视身体素质训练的评价与反馈

在高校体育教学中开展身体素质训练,必须结合训练方法、训练内容,构建一套成熟完善的考评机制,让高校学生的身体素质训练成果能够量化呈现。对于学生本人来说,能够根据评价结果认识到自己在哪一方面还存在不足,明确下一步训练的重点。对于体育教师来说,以考核成绩为依据,不断调整身体素质训练的计划、方案,保证训练成绩得到稳步提升。新的评价体系应当涵盖速度、耐力、灵敏、爆发力四大模块,例如速度评价包括每分钟高抬腿数量、50米跑用时等;耐力评价包括400米负重大步走用时、30米蛙跳用时等。借助具体的训练项目,考查高校学生在某一项身体素质方面的训练成绩,让体育教师和高校学生都能直观地了解身体素质训练成绩。以评价结果作为教学反馈,使体育教师能够灵活调节训练内容。例如,某学生首次测试时耐力不达标,经过一段时间的针对性训练后,再次考核耐力达标后,体育教师就可以选择爆发力等展开训练。

第二节　力量素质训练

一、力量素质概述

(一)力量素质概念

人体在任何运动中都离不开肌肉的收缩力量,它会维持人体的基础生活能力。力量在人体中可以分为内力和外力。内力是人体神经肌肉系统活动时,对抗和克服外力的能力;外力是因外阻力而引起的力,如克服重力、摩擦力等。

力量是身体素质的一种,是人体获得身体某部分肌肉在工作时克服阻力的能力。力量是提高运动能力的基础,力量素质是衡量运动训练水平的重要指标之一。在人体参加运动时,所指的力量素质是肌肉力量,即机体完成动作时肌肉收缩对抗阻力的能力。力量素质主要是通过肌肉的工作形式表现出来的,如肌肉在工作时要克服的阻力有内部阻力和外部阻力两种。外部阻力包括摩擦力、物体重力、空气阻力等,内部阻力是指肌肉间的对抗力、肌肉的黏滞性等。决定肌肉力量大小的因素主要有以下几种:完成动作时肌肉群收缩的合力、肌肉群收缩的协调能力和骨杠杆的机械率。

(二)力量素质基础

1.神经过程强度与效率

肌肉活动受神经系统的支配,每块肌肉都具有一定数量的由神经纤维末梢与肌纤维相连并组成的运动单位。通常,肌肉中的运动单位不是全部同时导致肌肉收缩,而是在神经系统的支配下,部分、有序地调节肌肉活动。但是,在运动训练和比赛中,肌力能随着神经过程强度的增大而提高。这时,神经强度越高,神经系统向肌肉发放的神经冲动和频率就越强,肌肉中被动用的运动单位数量就越大,所产生的收缩力就越大。

2.肌纤维的类型

肌纤维一般可以划分为快肌纤维、慢肌纤维和中间肌纤维三大类。力量素质主要由快肌纤维决定，快肌纤维百分比高，力量则大。[①]快肌纤维具有收缩速度快、收缩力量强的特点，是力量素质表现的主要物质基础。快肌纤维数量多、直径大，往往表现出的力量素质水平就高。快肌纤维的数量多少受遗传因素的影响，但是通过有效的力量训练可以引起肌纤维选择性肥大，从而提高力量素质。

3.肌纤维初长度效应

在适宜范围内，肌肉收缩前伸展到一定长度后，就会迅速发生缩短收缩，有助于收缩时产生较大的肌力，这是肌肉的初长度对收缩力的效应影响。在一定范围内，肌肉收缩张力的峰值随着初长度的增加而达到最高值时，肌肉的初长度就是最佳适宜长度，而肌肉一旦被拉到最佳适宜长度时，其转入收缩的过程越快，那么产生的收缩力就越强。

二、力量素质训练方法

（一）最大力量训练

1.最大力量取决因素

学生最大力量能力主要受到肌肉的体积、支配肌肉的意志能力、肌肉内部和肌肉之间的协调性影响。只有具备一定的肌肉体积，才能快速有效地挖掘力量的潜力。肌肉的体积通过有针对性的练习手段进行训练，快肌纤维和慢肌纤维的横断面都能得到增长。一般人用意志可以调节自己最大力量的40%左右，经过新系统力量训练的学生，在有压力的前提下比没有压力的前提下多产生10%的力量。改善学生用意志调节肌肉活动的能力对提高运动成绩具有重要意义，特别是对以相对力量决定成绩的跳高项目更为重要。普拉托诺夫认为，通过改进肌肉内部和肌肉之间的协调性来发展最大力量，与肌肉体积的增大没有关系。因此，可以采用以动力性为主的专门练习手段提高肌纤维同步工作的效率，改善参与工作的肌肉协调性。

2.发展最大力量的要素

（1）肌肉的工作方式。学生在发展最大力量时，一般采用以肌肉克制性和退让性的动力性工作方式为主、以等长收缩的静力性工作方式为辅的方式。

①唐照华．提高运动员力量水平的相关因素探讨[J]．武汉体育学院学报，2001(03)：47—48.

（2）阻力的大小。克服较大阻力是提高最大力量的主要途径。通过增大肌肉的体积来发展肌肉的最大力量时，采用的练习强度为极限重量的50%—80%；通过提高用意志支配肌肉活动的能力来发展肌肉的最大力量时，采用的练习强度为极限重量的85%—100%；通过改善肌肉内部和肌肉之间协调性来发展肌肉的最大力量时，负重的范围比较大，改善肌肉内部的协调性采用的练习强度为极限重量或次极限重量，改善肌肉之间协调性的练习强度为极限重量的50%—70%。

（3）练习的动作速度。无论采用何种方式发展最大力量，都应该采用中等或偏慢的动作速度进行练习。练习的动作速度过快会使练习的效果朝速度力量发展。通过改善神经调节机制来发展肌肉最大力量时，每个动作的时间为1.5—2.5秒时，练习效果最佳。

（4）完成每组训练的时间。通过改善肌肉内部协调性来发展肌肉的最大力量训练时，每组练习的重复次数为2—6次，每组的练习时间为3—15秒；通过改善肌肉之间协调性来发展肌肉的最大力量训练时，每组练习重复次数为15—20次，每组练习时间为30—50秒；通过增大肌肉体积来发展肌肉的最大力量训练时，每组练习重复次数为8—12次，每组练习时间为25—40秒。

（5）组间休息时间。无论采用何种方式发展肌肉最大力量，都应该保证学生非乳酸能源和机体工作能力得到充分恢复。发展最大力量训练组间的休息时间一般为3—5分钟。

（6）练习的组数。发展最大力量的练习组数应根据练习的性质和方法来定。一般来说，通过改善肌肉内部协调性和肌肉之间协调性来发展最大力量的练习时，重复的练习组数为3—6组；通过增大肌肉体积来发展最大力量的练习时，重复的练习组数为5—8组。

3.发展最大力量的方法

（1）重复法。重复法适用于各个训练时期，主要任务是加强新陈代谢，活跃营养过程，改善协调性，提高肌肉力量。它的特点是负重的大小随着肌肉力量的增加而逐渐增加，重复的次数范围在刚好还能坚持最后一次重复。

（2）强度法。强度法用于提高用意志调节肌肉活动的能力来发展最大力量。主要特点是负荷大，练习时逐渐达到极限用力，然后继续使用相对体力而言的中上强度的负荷量，直到肌肉对这种刺激产生劣性反应为止。

（3）保加利亚训练法。保加利亚训练法强调突出强度，每次训练都要求达到、接近甚至超过本人最高水平。从85%—90%的强度开始逐渐增加重量，直到当天最大重量，然后减少10千克做两组训练，再减少10千克做两组训练。

（4）极限法。极限法主要用于通过改善神经肌肉协调性和增大肌肉体积来发展最大力量。一次训练课的量如下：强度为50%—75%，每组重复次数为10—12次，完成3—5组，组间休息3—5分钟。

（5）静力性训练法。能全面、迅速增大肌肉，是提高力量素质的好方法。静力性力量练习可以发展静力性最大力量和静力性耐力，对提高最大力量有积极的作用。

（二）速度力量训练

1. 速度力量取决的因素

学生速度力量水平主要受最大力量和肌肉收缩的速度影响。所以，学生的速度力量能力取决于最大力量能力和肌肉快速收缩的能力。

2. 速度力量训练的基础

（1）肌肉的工作方式。发展速度力量主要采用动力性的工作方式，包括克制性、退让性的等长和超长的工作方式。

（2）阻力的大小。练习的阻力根据练习的性质而定，可以在较大的范围内波动。对于提高克服大阻力运动项目所需的速度力量，一般采用最大力量的50%—80%的负荷；对于提高克服较小阻力的运动项目所需的速度力量，一般采用最大力量的25%—40%的负荷。

（3）练习的动作速度。用于提高克服较小阻力运动项目所需的速度力量时，一般采用极限速度进行练习；用于发展克服较大阻力运动项目所需的爆发力时，一般采用次极限速度。

（4）完成动作的时间。每个练习持续的时间应在不降低动作速度或不出现疲劳的状态下完成练习，具体持续时间的长短主要取决于练习的性质、阻力的大小、学生已有的训练水平和练习的结构。

（5）练习的组数。一次训练课练习的组数应根据练习的性质和阻力的大小来定。普拉托诺夫认为,一次训练课的练习组数为3—6组。

(6)组间休息时间。组间休息时间可以保证学生机体工作能力的恢复和非乳酸性氧债的清除。对于局部肌群短时性(3—5秒)的练习,组间休息时间为30—40秒;对于全身性肌群或单个动作长时间的练习,组间休息时间为3分钟以内。

3.速度力量训练的方法

(1)马丁法。强度为35%—50%,每组重复次数为7次,一次训练课练习3组,动作速度要求接近极限。

(2)比勒法。强度为30%—50%,每组重复次数为7次,一次训练课练习5组,组间休息3—5分钟,动作要求爆发用力。

(3)塔式法。采用大强度练习,在高度的次极限和极限收缩后,肌肉达到精疲力竭,下一组练习随重复次数的增加而减少负荷量。

(三)力量耐力训练

1.力量耐力取决因素

力量耐力主要受机体对比赛的运动强度和运动持续时间的适应影响。发展力量耐力必须创造与专项比赛活动特点相适应的条件,采用的练习必须在机体活动性质、运动形式及动作结构上尽可能地与比赛活动相同或相近,并力求体现出显著的专项力量特征。学生的力量耐力水平主要取决于学生的最大力量水平,能量供应系统的强度、容量、灵活性和节省化,肌肉抗疲劳能力。

2.力量耐力训练的基础

(1)肌肉工作形式。主要选择以动力性练习为主、以静力性练习为辅的训练方式。

(2)肌肉工作阻力。发展最大力量耐力时,采用60%—80%的负荷重量;发展速度力量耐力时,采用30%—50%的负荷重量;发展专项力量耐力时,采用略超出比赛活动阻力的5%—10%的负荷重量。

(3)练习的持续时间。根据练习的功能性质、动作的速度和负重量的大小,练习时间在30秒—3分钟。每组练习的次数或持续时间以学生机体出现较大疲劳为宜。

(4)练习的速率。发展一般性肌肉力量耐力负重练习时,完成动作的速率要适中。如果过分追求动作速率,将会导致动作速率下降,而影响训练效果。发展专项肌肉力量耐力练习时,动作速率应尽可能与比赛活动的速率一致。

(5)练习的间歇时间。组与组之间的休息时间的长短主要取决于练习的性质、负重的大小、练习时间的长短及肌肉参与工作的数量。例如,练习的时间较短(30—60秒)时,需要通过数组练习才能达到极限疲劳,应选择在身体未完全恢复状况下进行下一组练习。一般情况下休息时间短于练习时间5—10秒。

(6)重复的次数和组数。发展最大力量耐力时,重复总次数可达到60—100次,练习3—5组;发展速度力量耐力时,重复总次数可达到100—200次,练习4—6组。

3.发展力量耐力的训练方法

发展力量耐力要根据专项特点,认真分析需要什么样的力量耐力,然后选择训练方法,确定训练负荷量。发展力量耐力的方法主要有持续训练法、间歇训练法和循环训练法。

第三节　速度素质训练

一、速度素质概述

(一)速度素质概念

速度素质是指机体或机体的某部位在最短时间内完成动作的能力。人体快速运动能力既是力量、柔韧、协调、灵敏等素质综合协调发展的结果,也取决于中枢神经系统的灵活性和机体无氧代谢水平。速度素质主要受中枢神经系统的类型和活跃性、肌纤维类型和肌肉系统的结构、肌肉的弹性特质、肌间协调和肌肉内部协调能力、灵活性、快速爆发力、运动技巧、无氧代谢能力、注意力和关注力等因素的影响。①

①解鑫. 短跑运动员的速度素质及其训练[J]. 体育科技文献通报,2018,26(10):67—70.

速度素质一般分为反应速度、位移速度、动作速度、速度耐力。反应速度是指学生对外界信号刺激所做出的应答能力，它反映了神经冲动在神经系统中的传导速度。位移速度是指单位时间内学生身体移动距离长短的能力或身体通过一定距离所需时间长短的能力，通常以通过一定距离的时间或单位时间内通过的距离来表示。动作速度是指学生快速完成单个动作的能力，反映了学生机体快速完成动作的整体能力。速度耐力是指学生维持最高速度运动状态的能力，反映了学生在最高速度状态的持久力。各项速度素质有各自的独特性，通常是互为独立的，但它们的关系在训练实践中是紧密相连的，如在田径运动中，速度素质的表现正是这四种速度素质的综合反映。

（二）速度素质基础

1. 神经过程的灵活性

神经过程兴奋与抑制转换速度是速度素质的神经基础，是速度发展的最基本的前提条件。它直接影响到肌肉收缩与舒张交替过程的快慢，而这一交替过程又由神经系统支配，所以改善神经系统兴奋与抑制过程的功能和神经肌肉的协调性是提高速度素质的首要任务。虽然人体神经过程兴奋与抑制转换能力很大程度上取决于遗传因素，但是在儿童阶段，神经过程的灵活性还具有一定的可塑性。

2. 快肌纤维的比例

快肌纤维与慢肌纤维的比例、肌肉的弹性、肌肉的伸展性、肌组织内的协调性、肌肉与肌肉之间的协调水平等都是影响速度表现程度的因素。尤其是肌肉纤维的类型对速度素质影响较大。快肌纤维是速度素质的肌细胞基础。速度素质与人体骨骼肌中的快肌纤维的总数和体积成高度相关。科学的训练能改善快肌纤维的质量，增强肌纤维内三磷酸腺苷（ATP）、磷酸肌酸（CP）能源物质的含量和细胞酶的活性，提高速度素质。虽然快肌纤维的数量受遗传因素的影响，但肌纤维的质量是能够改善的，因此通过训练改善肌纤维的质量对提高速度素质有着重要的意义。

3. 高能物质的储备量

速度素质主要依赖的能源物质是ATP、CP和无氧状态下的肌糖原的代谢能力。其中，存储在肌纤维内的ATP、CP的分解释放的能量只能使人体维持激烈的活动7—8秒钟,然后由肌糖原在无氧的状态下分解释放能量,以维持人体快速运动。由此可见,提高肌纤维内的ATP、CP的储备量和肌糖原的无氧代谢能力是提高速度素质的有效途径。

4.肌纤维的特性

肌纤维的特性主要是指物理性,表现在肌肉的弹性、伸展性、黏性和松弛性等方面。肌肉的弹性越大,越能产生较快的收缩速度;肌肉的伸展性越好,越能增大动作的幅度;如果肌肉的黏性适宜,就能减少肌肉之间的摩擦力;肌肉越松弛,越能配合主动肌的快速收缩,提高速度素质。因此,速度素质训练的主要任务就是提高肌肉的弹性、伸展性、放松能力和减少肌肉的黏性。

5.速度心理感知能力

速度心理感知能力是影响速度素质发挥的重要心理能力,主要影响学生正确支配技术动作。学生的速度感知能力强,所做的技术动作就会更协调、准确、迅速,并能根据需要调节动作节奏,更好地协调肌肉的收缩与放松活动,有效地提高速度素质。

二、速度素质训练方法

(一)速度训练的要求

速度素质在不同的田径项目中有各自不同的要求,速度在各个项目中的具体表现形式也不同,但速度素质的生理学基础决定了在发展速度的方法上具有共同要求。

1.全面发展速度素质

从速度素质的生理学基础看,速度素质取决于反应时完成单个动作的速度和动作频率的发展水平,以及这些基本形式以各种不同的组合形式表现出来的综合能力。因此,必须全面发展速度素质,既要注意提高速度能力的某一个组成部分,又要注意这些素质是一个互相联系的整体。在训练实践中,在提高速度能力时,学生往往注重提高绝对速度,而忽视提高速度能力的其他组成部分,致使在比赛中未能表现出高水平的综合速度能力。偏重提高主要速度能力的同时,并不能对其他速度能力发展加以忽略,应全面考虑,整体计划,突出重点,协调发展。

2. 速度训练手段必须与专项相结合

速度训练手段必须与专项动作的结构相一致,能使专项动作在比赛中表现出其速度素质的特点。如果速度训练采用的方式与专项动作结构不相同,那么所获得的速度能力就不一定能在专项中很好地表现出来。比如,有的短跑运动员做快速摆臂和原地快速高抬腿的练习时,能达到很高水平的指标,但在短跑比赛中却不能表现出很高的速度水平。这就说明快速动作只是提高速度素质的基础条件,如果要在专项运动中表现出高超的速度水平,快速动作还需要通过专门的训练,使快速动作的能力与具体项目所特有的运动性和植物性功能有机结合起来,根据项目特点和技术动作的要求,加强感受器官与运动器官一致性的训练。只有这样,才能提高专项动作所需要的速度素质。

3. 速度训练要突出快速特征

发展速度素质的一切练习都要建立在快的基础上,这是由田径比赛的性质决定的,提高速度的目的就是在比赛中创造优异成绩。田径比赛虽然以远度或高度来计算成绩,但速度能力也是取胜的保证。这就要求所有的速度练习都应该尽量表现出最高的水平,要求动作反应快,以最快的速度和最高的频率完成练习动作。

4. 科学安排速度训练的顺序和时间

身体素质与运动能力是相互联系、相互促进和相互制约的关系,在发展某种身体素质或某种运动能力时,总会或多或少、直接或间接地影响其他素质和运动能力的变化。因此,在发展速度素质和快速能力时要从整体出发,认真处理好与其他素质之间的关系,科学安排训练的时间和顺序,使各种素质与运动能力协调发展,避免身体素质各要素之间相互干扰而产生不良的影响。

速度素质的训练时间不宜过长,练习时宁可少做几次,距离总量少些,也一定要快速地完成;一旦速度下降,应立刻停止速度训练。发展速度素质的练习最好安排在小强度训练或调整训练后的第一天进行。在一天或一次训练课中,最好安排在学生身心状况最佳、精力充沛时进行。速度训练应安排在力量训练之前,因为力量素质要求神经过程的强度大、肌肉收缩用力大,而速度素质要求神经过程的灵活性高、兴奋与抑制转换快、肌肉收缩轻松协调，两者存在着相互制约的关系。

（二）速度训练的方法

1. 常规训练法

常规训练法通常用于发展基本速度能力（如反应速度、动作速度、动作频率）和发展综合速度能力。

（1）发展基本速度素质的方法。基本速度素质包括反应速度、动作速度和动作频率，这些简单速度素质是各项目都应具备的，主要采用一般训练、辅助性练习和专项性练习来发展这些速度素质。第一，发展反应速度。在径赛项目比赛中，学生需要对听觉的刺激做出快速反应，如听枪声起跑就是简单反应。发展反应速度，一方面可以改善简单反应，让学生的视觉或听觉接收信号刺激，并规定学生做出相应的应答动作；另一方面，可以改善复杂的预测反应的能力。教师应根据项目的要求，设计特定的环境，使学生快速训练完全相等的应答动作。第二，发展动作速度。根据项目比赛中速度表现的结构和特点来安排，选择专项所特有的、对速度具有很高要求的各种各样的动作作为练习手段。比如，采用顺风跑、下坡跑；先用增加重量的铅球练习后，再用标准重量的铅球进行练习。再如，先上坡跑，再平跑，然后是下坡跑，通过加大以最大速度完成动作的难度来提高训练的效果。第三，发展动作频率。以在单位时间内完成规定次数为出发点，选用发挥最大动作频率的局部练习或整体练习。发展动作频率的练习方法主要有一般性练习和专项性练习。一般性练习主要是建立条件反射，以便向专项良好性转移；专项性练习主要采用与专项相似或专项动作作为发展动作频率的练习手段。

（2）发展综合速度能力的方法。发展综合速度能力就是把提高各种速度要素发展的局部速度能力相应联系和统一起来，并联合成完整的专项动作，体现出专项比赛中所表现的速度能力。发展综合速度能力时，要尽量考虑选择速度在比赛中各种可能的表现形式作为练习手段。

2. 力量训练法

由于速度素质的生物学基础与力量素质的生物学基础同类，快肌纤维和高能物质的功效也相类似，因此某些力量训练方法对发展速度素质有着直接作用，值得借鉴。比如，轻杠铃的快速挺举、抓举、半蹲、负重跳跃等练习方法。

3.外力训练法

外力训练法是指在速度训练中,学生借助风力、重力、牵引力等进行运动的练习方法。在速度训练中,通常长期使用一种或几种训练手段,由于学生机体已经习惯了这些刺激,很难引起学生速度素质的提高,速度能力趋于稳定状态,因此需要寻求新的训练方法和手段来进一步发展速度素质。外力训练法有利于提高动作幅度和频率,并使神经肌肉系统形成快速运动的能力定型;有利于使学生在心理上形成较好的运动速度感,更主动地强化速度训练中快速运动的动作意识;有利于克服“速度障碍”,使学生能较快地渡过速度训练中所出现的“高原期”;有利于体验快速运动中肌肉收缩与放松交替进行的感觉,以便神经系统更精确地支配有关肌肉群。

4.比赛训练法

比赛训练法是指学生在竞赛的气氛和环境条件下,以模拟对象的方式进行的对抗训练方法,主要是通过充分调动学生的心理能量和生理能量进行速度训练。比赛训练法能够最大限度地发挥学生的生理和心理能量,使机体处于高度应激准备状态,能够充分发挥体能作用;能使神经系统处于高度的兴奋状态,有利于发挥神经过程兴奋与抑制的交替能力;能使机体形成与竞赛环境相适应的内环境状态,从而在训练中产生与之相适应的反应。

第四节 耐力素质训练

一、耐力素质概述

(一)耐力素质概念

耐力是指有机体在较长的时间内,保持特定强度负荷或动作质量的能力,是人体基本的运动素质之一。耐力对人的生活能力及运动能力均有重要的影响。人体耐力的提高总是伴随着内脏器官功能的提高,如心血管系统功能的提高以及有氧代谢能力的改善。此外,还表现为人体的骨骼肌和关节韧带等运动装置能够承受更长时间的负荷，以及在心理上对长时间工作所产生的疲劳的克服。在竞技体育领域中，耐力在不同的竞技运动项目中发挥着不同的作用。

（二）耐力素质分类及其关系

由于人们对耐力素质的分类依据不同，认识角度各异，因此对耐力素质的划分种类及其含义各持所见。

根据机体负荷时间和强度进行分类，耐力素质可分为短时间、中等时间和长时间耐力。短时间耐力是指学生在1分钟内以高强度负荷持续工作的能力；中等时间耐力是指学生在1—8分钟内以较高强度负荷持续工作的能力；长时间耐力是指学生在8分钟以上以中等强度或较低强度持续工作的能力。

按照能量供应系统来分，耐力素质可分为有氧耐力和无氧耐力两部分。①有氧耐力是指学生在有氧供能的状态下持续进行一定负荷强度工作的能力；无氧耐力是指学生在氧供不足并产生氧债的状态下持续进行一定负荷强度工作的能力。

根据耐力素质与专项运动的关系进行分类，可分为一般耐力和专项耐力。一般耐力是指学生长时间有效地完成非专项性工作的能力；专项耐力是指学生在专项比赛或训练所需要的时间内坚持高强度工作的能力。

虽然耐力素质分类的依据不同，但是其隶属种类之间的关系仍具有一定的联系。比如，按时间与强度负荷来分的耐力种类和按运动专项来分的耐力种类，在能量供应方式上就有相应的特点；按工作持续时间来分的耐力种类与按运动机能特征来分的耐力种类之间也有紧密的联系。短时间耐力与力量耐力和速度耐力的关系非常密切，中时间耐力与力量耐力、速度耐力的关系比较密切，长时间耐力与力量耐力、速度耐力的关系一般。

（三）耐力素质基础

1.神经过程的稳定性

在长时间的运动中，神经过程是否稳定决定着运动技术在这一活动过程中能否保持高度协调，而运动技术的稳定性又是取得优异成绩的必要条

①琚新杰，王谷宁，郝鑫鑫．两极化与乳酸阈训练模式对军校学员耐力素质提升的影响[J]．体育科技文献通报，2023，31(02)：118—120+137.

件。在比赛过程中,各种因素都可能影响运动技术的稳定性,如心理过分紧张和比赛环境不适应等。但是,在多数项目中,逐渐加深的疲劳感是影响运动技术稳定性的主要因素。例如,在中长跑比赛中,若神经过程具有长时间的稳定性,就说明神经机能对疲劳具有高度的抵抗能力。

2. 肌肉的能量储备

学生体内能源物质,尤其是糖原和游离脂肪酸的储备量,是决定学生中等时间和长时间耐力水平的重要因素。一般情况下,在氧供应不足的条件下,体内糖原和游离脂肪酸含量高的学生在运动中所表现出来的耐力水平通常比较高。体内糖原储备量大,标志着学生在较高强度的负荷下持续工作的潜力大。体内游离脂肪酸含量高,意味着学生连续工作的能力强。经过长时间系统的训练,可以有效地改善体内能量供应系统的调节水平。

3. 最大摄氧量的水平

最大摄氧量是反映学生有氧耐力的主要标志,也是衡量学生有氧耐力的客观指标。氧是能量物质氧化释放能量过程中不可缺少的主要物质,在以耐力素质为基础的项目中,氧供应充足与否完全取决于能量物质分解释能水平的高低;而人体氧供应充足与否在很大程度上取决于最大摄氧量水平的高低。

4. 慢肌纤维及其比例

人体骨骼肌中的慢肌纤维是耐力素质的重要物质基础。慢肌纤维在结构上具有肌纤维粗、横纹少、神经末梢多的特点,在机能上具有潜伏期长、不易疲劳、持续收缩时间长、氧化能力强的特点。人体慢肌纤维的比例与最大摄氧量水平成正相关。在负荷强度要求以最大摄氧量的65%以下氧供应的运动时,慢肌纤维内的糖原随着负荷时间的延续而显著减少,而快肌纤维内糖原消耗并不明显。这就说明,在氧供应充足的情况下,人体长时间持续活动主要是慢肌纤维及其内部的能力物质分解释能所起的作用。因此,慢肌纤维是有氧耐力素质的物质基础。

5. 学生负氧债能力

学生在氧供应不足的情况下仍然能够保持较高负荷强度的持续运动能力,这说明学生体内抗氧债的能力强。学生负氧债能力的高低与机体抗酸能力、糖原无氧酵解能力、氧利用能力的高低有关。一般来说,在氧供应不足的情况下，糖原无氧酵解释放能量越多，体内利用率越高，机体抗酸能力越强，学生的无氧耐力水平越高。

6. 学生的意志品质

耐力素质是在克服机体疲劳的情况下表现出来的一种运动能力，耐力素质与学生抗疲劳干扰的能力有着直接关系。克服疲劳的干扰与克服疲劳的心理意志力密切相关。意志品质程度越高，克服疲劳的能力越强，机体抗疲劳性也越大。因此，在耐力训练中，要有针对性地挖掘学生的心理潜力，提高学生的意志品质，使学生在比赛中能够克服由神经疲劳和肌肉疲劳产生的痛苦、烦躁、难受等心理障碍，从而创造更优异的成绩。

二、耐力素质训练方法

（一）耐力素质训练的基本要素

1. 训练强度

发展有氧耐力的训练强度一般不超过最大速度能力的70%，学生的心率控制在145—170次/分之间，运动心率低于140次/分的负荷刺激，不能有效地发展有氧耐力。发展无氧耐力的训练强度通常以学生最大速度能力的85%—95%的强度为主，也可以采用次最大强度或最大强度的负荷强度，要求运动心率达到180次/分以上。

2. 持续时间

有氧耐力训练的持续时间变化范围比较大，往往根据训练阶段、对象训练水平和专项需要来安排，一般不低于20—25分钟。高强度、高密度和短间歇的无氧耐力训练持续时间为20—25秒。有氧耐力训练间歇时间不宜过长，过长会引起后续训练机能能力的下降。一般用心率来控制间歇时间，当心率下降到120次/分时，应开始进行下一次练习。在大强度的无氧训练时，要在每组练习之间安排较长时间的休息，以保证因训练堆积的乳酸得到氧化，学生在基本恢复的状态下开始下一次练习。

（二）耐力素质训练的基本要求

1. 注意培养学生良好的心理控制能力

学生的意志品质在耐力素质训练中所起的作用非常重要，必须注意对学生意志品质的培养，温度过高、气压过低对一个人的耐力也会产生较大的影响，抵抗这些不利因素需要学生具备坚强的意志品质。

2.注意提高学生的呼吸能力

学生坚持长时间工作所需要的氧气是通过提高呼吸频率和加大呼吸深度来摄取的。在长时间工作过程中，没有参加过训练的人主要以加大呼吸的频率来摄取机体所需的氧气，高水平学生则是以加大呼吸的深度来摄取机体所需的氧气。在训练中，学生以中等强度进行练习时，会出现每分钟耗氧量与氧供给量不一致的情况，在大负荷运动时，两者之间的不一致更为显著，所以培养学生的呼吸能力非常必要。在耐力训练中，应加强学生呼吸节奏与动作节奏协调一致的训练，如果呼吸节奏紊乱，就会使动作节奏遭到破坏，影响运动成绩。

3.根据专项的需要有针对性地发展专项耐力

不同的专项耐力训练的要求也不同，学生要紧密结合专项特点进行耐力训练，以满足专项耐力的要求。

4.耐力训练应以发展有氧耐力为基础

耐力训练应以发展有氧耐力为基础，发展混合代谢供能能力和无氧代谢能力为训练目的，应根据负荷时间与能量消耗的关系确定训练的重点。

（三）耐力素质的训练方法

1.有氧耐力训练

学生有氧耐力水平主要取决于机体有氧供能能力、体内能源物质的储备、运动器官承受长时间负荷能力和对疲劳的耐受程度。因此，提高学生的摄氧能力，保持学生体内适宜的能源物质的储备量，提高运动器官承受长时间负荷的能力，改进学生在疲劳状态下充分发挥机体潜力、坚持继续工作的能力，是发展有氧耐力的基本途径。

长时间的单一练习，如跑步，既能发展学生机体有氧代谢能力，又能发展肌群、关节和韧带的工作能力。长时间变换内容的练习可以减轻局部肌肉的负荷，全面发展学生的有氧代谢的能力。如果进行长时间的练习，应该采用强度较小的负荷运动进行练习。

发展有氧耐力主要是通过持续练习和间歇练习。负荷的安排要求负荷量大，负荷强度相对较小。采用间歇练习时，心率控制在170—180次/分，分段练习的工作时间控制在1—2分钟，组间休息时间以机体还没有完全恢复状态下进行下一组练习而定，整个练习应该持续在30分钟以上。采用持续练习时，心率控制在150—170次/分，持续时间根据学生的训练水平而定，高水平的学生持续时间可长达2小时，一般持续时间应在20分钟以上。

有氧耐力训练的强度应随学生训练水平的提高而提高；根据运动项目的需要，有针对性地发展有氧耐力；有氧耐力训练内容单一，应集体进行练习，避免练习过于单调和枯燥；在野外进行练习时，要注意安全。

2. 无氧耐力训练

学生的无氧耐力主要取决于ATP和CP的储备量、无氧代谢供能的能力、运动器官承受大强度工作的能力及学生对疲劳的心理耐受程度。因此，提高学生的无氧代谢供能能力，保持学生体内ATP、CP的储备量，提高运动器官承受大强度的负荷能力和改进学生在疲劳状态下继续大强度工作的能力，是发展无氧耐力的基本途径。

(1)原地做快速高抬腿练习。发展非乳酸性无氧耐力时，每组做5秒、10秒、30秒的快速高抬腿练习，一次训练做6—8组，组间间歇2—3分钟，强度为90%—95%；发展乳酸性无氧耐力时，可做1分钟练习，或100—150次为一组，6—8组，每组间歇2—4分钟，强度为80%。

(2)行进间高抬腿跑20米左右接加速跑80米，重复5—8次，间歇2—4分钟，强度为80%—85%。

(3)反复起跑。蹲踞式起跑30—60米，每组3—4次，重复3—4组，每次间歇1分钟，组间间歇3分钟。

(4)反复跑。跑距为60米、80米、100米、120米、150米等，重复次数应根据距离的长短及学生的水平而定。一般每组3—5次，重复4—6组，组间歇3—5分钟。

(5)间歇行进间跑30米、60米、80米、100米等。计时进行，每组2—3次，重复3—4组，每次间歇2分钟，组间间歇3—5分钟，强度为80%—90%。

(6)计时跑。做短于专项距离的重复计时跑或长于专项距离的计时跑，重复次数4—8次(根据距离而定)，间歇3—5分钟，强度为70%—90%。

(7)变速跑。变速快跑与慢跑结合进行，快跑段与慢跑段距离应根据学生专项而定。比如，发展非乳酸性无氧耐力时，常采用50米快跑、50米慢跑，100米快跑、100米慢跑，直道快跑、弯道慢跑或弯道快跑、直道慢跑等；发展乳酸性无氧耐力时，常采用400米快跑、200米慢跑或300米快跑、200米慢跑等，强度为60%—80%。

(8)结合各专项动作循环练习。以各专项的专门练习或辅助练习等组成一套练习，反复循环进行，强度为65%左右。

第五节 灵敏素质训练

一、灵敏素质概述

(一)灵敏素质概念

灵敏素质是指学生在各种突然变换的条件下，协调、快速、准确地完成动作的能力。在熟练掌握运动技能的情况下，灵敏素质就能得到充分发展和提高。灵敏素质并没有像其他素质一样有具体的衡量标准，只有通过动作的熟练程度来显示灵敏素质的高低。衡量灵敏素质的发展水平高低主要从三个方面来判断。首先，是否具有快速反应、判断、躲闪、转身、翻转、维持平衡和随机应变能力。其次，是否能熟练掌握力量(爆发力)、速度(反应速度)、耐力、柔韧、协调性、节奏感等素质和技能，并以迅速准确的动作表现出来。最后，在完成动作时，是否能在任何不同的条件下自如地操纵自己的身体，准确熟练地完成动作。另外，在不同的运动项目中，对灵敏素质要求不同。例如，跳水、体操等需要身体位置迅速改变及空中翻转方面所表现的灵敏素质。

灵敏素质是协调发挥各种身体素质能力、提高技术动作质量、创造优异成绩的重要条件，它在体能训练中主要有两点意义。第一，是体能训练中，准确、熟练、协调完成动作，提高运动技能和身体素质的重要保证。第二，是学生在比赛中巧妙地战胜对手、取得良好的成绩的重要保证。

(二)灵敏素质分类

灵敏素质分为一般灵敏素质和专项灵敏素质。一般灵敏素质是指运动者在各种运动活动中，在各种突然变换条件的情况下，能迅速、准确地完成各种动作的能力，它是专项灵敏素质发展的基础。

专项灵敏素质是指学生在某专项运动中依据临场情况所做出的具有针对性的反应和专业的技术动作，依托一般灵敏能力，根据不同专项的需要以及对运动项目掌握的熟练程度，经过长久的训练以提高专项技能水平的能力，是学生的各项身体素质和所具备的技术能力在专项运动过程中的综合表现。①

各项运动对灵敏素质有着不同的要求。例如，球类项目和格斗类项目动作复杂，没有固定的程序和动作模式，随时根据复杂比赛条件的变化，改变动作的方向、速度、身体姿势，主要强调反应、判断、躲闪、移动、随机应变、动作敏捷等能力。健美性运动的项目则主要要求快速改变身体位置、空中翻转、时空感、节奏感和控制身体平衡等方面的能力。所以，专项灵敏素质具有明显的项目特点，必须根据专项机能的特异性，发展专项运动所需的灵敏素质。

（三）灵敏素质基础

1. 智力发展水平和敏捷的思维能力

学生要想有良好的灵敏素质，必须要具备良好的智力发展水平和敏捷的思维能力。在运动活动中，各种运动技术和运动技能的灵活应用，深谋远虑的战术思想和实施计划，大脑神经活动过程兴奋与抑制的转换程度与快速工作能力的平衡，均取决于良好的智力发展水平和敏捷的思维判断能力。一个优秀学生不仅要表现惊人的运动素质和超人的技能素质，而且还要表现出良好的思维能力，以及解决复杂与潜在的战术、技术等各个方面问题的能力。

2. 感觉器官的准确灵活性能

感觉器官的准确与灵活决定着灵敏素质的优劣，肌肉同样有着决定性的作用。感觉器官分析越完善，运动者对肌肉活动用力大小、快慢的分析能力就越高，完成动作就越精确。通过多年系统训练，可以使运动分析的能力得到全面提高。

---

①陈雪珂．功能性力量训练对高校跆拳道运动员灵敏素质的影响研究[D]．上海：上海体育学院，2023.

3.运动实践经验的丰富度

掌握基本运动技术越多、越熟练，不仅学习新的运动技能快，而且技术动作也显得更灵活，更富有创造力，表现出的灵敏素质也就越高。长期学习、运用各种技术动作和提高运动技能，可以丰富运动实践经验，实践经验越丰富，身体素质和技术动作“储备”就越多，因而灵敏素质水平才能不断提高。

4.气温降低

气候阴郁潮湿、气温降低会使肌肉、韧带等一系列的运动器官灵敏度下降，影响灵敏素质。

二、灵敏素质训练方法

灵敏素质训练有以下基本方法：①在跑、跳中做迅速改变方向的各种躲闪、突然起动以及各种快速急停和迅速转体训练等。②做各种调整身体方位的训练。③做专门设计的各种复杂多变的训练，如用“之字跑”“躲闪跑”“穿梭跑”和“俯卧撑”四项组成的综合性训练。④以非常规姿势完成的训练，如侧向或倒退跳远等。⑤限制完成动作的空间训练，如在缩小的球类运动场地进行训练。⑥改变完成动作的速度或速率的训练，如变换动作频率或逐步增加动作的频率。⑦做各种变换方向的追逐性游戏和对各种信号做出应答反应的游戏等。

下面对灵敏素质训练的具体方法进行介绍。

（一）徒手练习

徒手练习法主要有单人练习和双人（结伴）练习等方法。

1.单人练习法

（1）快速移动跑。此训练是为了提高学生迅速反应、准确判断的能力，一般练习时每组15秒，练习3组，由站立姿势开始，两眼注视指挥手势或判断信号。当练习者听到信号或看到手势后，按照指挥方向进行前、后、左、右快速变换跑动，一般发出指令的间隔时间不超过2秒。

（2）越障碍跑。此训练是为了提高学生快速、灵巧地通过障碍物体的能力，练习2—3组，面对跑道站立（在跑道上设立多种障碍）。听到“开始”信号后，练习者迅速敏捷地跑、跳、绕，通过各种障碍物体，并跑完全程，可采用计时的方式进行练习。

(3)弓箭步转体。此练习方法是为了提高学生跳起稍腾空、转体到位的运动能力。连续跳转,10秒一组,共练习3组。由左弓箭步姿势开始,两臂自然位于体侧。听到"开始"信号后,练习者两脚蹬地跳起,身体向右转180°呈右箭弓步姿势,有节奏地交替进行,采用计时、计数均可。

(4)俯卧撑跳转体。此训练方法是为了让动作更加正确和连贯,每组练习要持续30秒,共练习3组,由站立或蹲立姿势开始。听到"开始"信号后,练习者完成一次俯卧撑动作,即刻接原地跳转180°,计算30秒内完成动作的次数。

(5)原地团身跳。此训练方法是为了让学生在进行运动时能够跳跃连贯,腾空明显、团身紧。持续练习,5次一组,共练习3—5组,由站立姿势开始。听到"开始"信号后,练习者原地双脚向上跳起,腾空后两腿迅速团身收紧,接着下落还原,连续进行团身跳,采用计时、计数均可。

(6)退跑变疾跑。此训练方法是为了提高动作的变换速度,通过计时练习,重复3—5次,由蹲距式起跑开始。听到"开始"信号后,练习者迅速转体180°,快速后退跑5米,接着再转体180°,向前疾跑5米。

(7)前后滑跳移动。此训练方法是为了调整学生前后移动的幅度,目的是保持幅度适中,水平移动。持续练习,30秒一组,共练习2—4组。两脚前后开立,上体稍前倾,两腿微屈,两臂位于体侧。听到"开始"信号后,目视手势而移动身体,前滑跳时,后脚向后蹬地,前脚向前跨出,身体随之向前移动;当前脚落地后,随即向前蹬地,后脚向后跳,身体随之向后移动。前后滑跳移动也可以采用左右滑跳的方式进行练习。

2.双人(结伴)练习

(1)模仿跑。此训练方法是为了让学生在活动时保持注意力集中,随前变而变,动作协调、有节奏。持续练习,15秒一组,间隔30秒,共练习4组。两人一组,前后站立,间隔3米。听到"开始"信号后,前者在跑动中做出带有变向、急停、转身、跳跃等不同动作变换的练习,后者则模仿前者跑动,跑动中做出相同的动作变换。

(2)手触膝。此训练方法是为了提高学生积极主动进攻对方的能力。每组持续练习20秒,间歇20秒,共练习4—5组。两人一组,面对站立。听到“开始”信号后，双方在移动中伺机手触对方膝盖部位。身体素质良好者可采用一些鱼跃、前扑等动作。触膝次数少者受罚。

(3)躲闪摸肩。此训练方法是为了提高学生的灵敏躲闪能力，可计算30秒内拍中对方肩的次数，重复2—3组。两人站在直径为2.5米的圆圈内。听到“开始”信号后，练习者在规定的圈内跑动做一对一巧妙拍摸对方左肩的练习。

(4)过人。此训练方法是为了提高学生的反应速度和肢体灵敏协调能力。在此训练期间，不准拉人、撞人，持续练习，20秒一组，共练习4—6组。在直径为3米的圆圈内，两人各站半圈。听到“开始”信号后，一人防守，一人设法利用晃动、躲闪等假动作摆脱防守者进入对方的防区，交替进行。

(5)障碍追逐。此训练方法要求充分利用障碍物进行躲闪、转身等动作快速跑动，持续练习，20秒一组，间歇20秒，共练习5—6组。乙方为被追方在前，甲方为追方在后。听到“开始”信号后，练习者利用障碍物进行一对一追逐游戏，追上对方用手触到对方身体任何部位，即刻交换进行。

(二)器械练习

器械练习法包括单人练习和双人(结伴)练习两种基本练习形式。

1. 单人练习

单人练习包括多种形式的传球、运球、顶球、追球、颠球、托球、接球和多球练习、滚翻传接球练习、悬垂摆动、翻越肋木、钻山羊、钻栏架以及各种专项球类练习和技巧练习、体操练习等。

2. 双人(结伴)练习

结伴练习包括多种形式的传球、运球、接球、抢球、断球、跳跃障碍、顶球接前滚翻等练习。下面简略介绍几个练习动作。

(1)扑球。此练习过程要求逐渐加快抛球速度，判断准确，主动接球。两人一组，面对站立。一人将球抛向另一人体侧，对方可利用侧垫步、交叉垫步或交叉步起跳扑向球，并用手接住球，两人交替进行练习。

(2)通过障碍。此练习过程中要求跑动迅速，变换敏捷。通过计时进行练习，重复练习3—5次。面对障碍物站立。助跑5米，跳过山羊，钻过山羊，绕过双杠间，再返回起点。

(3)跳起踢球。此训练过程要求抛球到位，踢球准确。持续练习，15

次一组，重复练习2—3组。两人间隔15米，面对站立。一人抛球至另一人体前或体侧方，对方快速跳起用脚准确踢球，交替进行练习。

(4)接球滚翻。此训练要求传球到位，接球滚翻协调、迅速。持续练习，30秒一组，重复练习2—3组。两人一组，一人坐在垫上(接球)，另一人面对站立(传球)。坐在垫上，接不同方向、速度的来球。当接到左、右两侧的球后做接球侧滚动；接到正面的球后做接球后滚翻，交替进行练习。

(三)组合练习

组合练习，是指把两个或两个以上的动作组合起来进行练习。灵敏素质组合练习有两个动作的组合、三个动作的组合和多个动作的组合练习。

1.两个动作的组合练习

两个动作的组合练习主要有：交叉步接后退步，前踢腿跑接后撩腿跑，俯卧撑接原地高频跑，前滚翻接挺身跳转180°或360°，侧手翻接前滚翻、后踢腿跑接圆圈跑、俯卧膝触胸接躲闪跑、坐撑举腿接俯撑起跑、转体俯卧接膝触胸、变换跳转髋接交叉步跑、盘腿坐接后滚翻等。

2.三个动作的组合练习

三个动作的组合练习主要有：俯卧撑→原地高频跑→跑圆圈，交叉步→侧跨步→滑步，腾空飞脚→侧手翻→前滚翻，滑跳→交叉步跑→转身滑步跑等，转髋→过肋木→前滚翻，旋风脚→侧手翻→前滚翻等。

3.多个动作的组合练习

多个动作的组合练习主要有：跨栏架→钻栏架→跳栏架→滚翻，后滚翻转体180°→前滚翻→头手倒立前滚翻→挺身跳，分腿跳→后退跑→鱼跃前滚翻→俯卧撑，倒立前滚翻→单肩滚翻→侧滚→跪跳起、腾空飞脚→旋子→前滚翻→乌龙绞柱、跨栏跳栏→滚翻、悬垂摆动→双杠跳下→钻山羊→走平衡木、摆腿→后退跑→鱼跃前滚翻→俯卧撑等。

第六节　柔韧素质训练

一、柔韧素质概述

（一）柔韧素质概念

柔韧素质是指学生各个关节活动范围及肌肉、韧带的伸展能力。柔韧素质是学生必须具备的重要身体素质之一，没有适宜的柔韧素质，学生就不可能具有最佳的机能水平。优秀的学生不仅要具有一般的柔韧素质，还必须具备符合专项技术特点要求的专项柔韧素质，这是掌握专项技术和提高运动成绩不可缺少的必要条件。同时，柔韧素质与其他素质之间存在着相互影响的关系，柔韧素质好不仅能有效防止运动损伤，还有利于速度素质的提高。柔韧素质的提高一方面可以增大力的作用范围，增加肌肉的合力，提高速度；另一方面可以减少肌肉的活动阻力，降低能量的损耗，提高耐力。柔韧素质可分为一般柔韧性、专项柔韧性、积极柔韧性和消极柔韧性。

（二）柔韧素质基础

1.解剖学的条件

学生各个关节的骨结构决定了关节的活动范围，如肩关节是多轴关系，可以做绕环运动；膝关节属于椭圆关节，只能做小腿屈伸运动。训练无法改变关节的结构，只能通过训练使柔韧水平达到关节所能承受的最大活动范围。

2.神经肌肉的生理条件

神经肌肉的生理条件主要是指肌肉韧带的弹性、紧张度、肌肉间和肌肉内部的协调性。

3.年龄与性别

柔韧素质与年龄、性别有关，年龄越小，柔韧性越好；女子的柔韧性比男子好。

4.外环境的影响

温度对柔韧素质的影响十分显著，白天的柔韧性比晚上好。

二、柔韧素质训练方法

（一）柔韧素质训练的基本要素

1.完成动作的强度

关节的灵活性可以达到解剖学最大灵活性的85%—95%。柔韧练习的强度主要表现在学生拉伸肌肉、韧带时用力的程度和负重的大小。练习的强度应接近关节韧带拉伸的最大运动幅度，动作频率适中，不要过快。学生在拉伸肌肉、韧带时用力的程度以自己能控制的量度为原则，当肌肉感到胀痛时可稍加用力或保持用力程度，当肌肉感到酸时可减少用力程度，当肌肉感到麻时应停止练习。

2.单个动作的持续时间

在完成各种不同练习时，单个动作的持续时间最好能保证关节最大限度的活动性，主要取决于动作的性质和动作的速度。练习的持续时间可从20秒至2—3分钟，主动积极的拉伸练习一般持续时间不长，消极被动的拉伸练习可以持续较长的时间。

3.动作的速度

柔韧素质训练的拉伸练习既可以用缓慢的动作速度进行，也可以用急速的速度进行。慢速的拉伸能有意识地放松对抗肌，很少引起牵张反射，不容易造成损伤；急速的拉伸体现出专项特点和比赛特点，能满足专项的需要。在训练实践中，两者应有机结合，以便有针对性地提高柔韧素质，满足专项比赛对柔韧素质的要求。

4.练习次数和组数

关节活动的变化表明，学生的柔韧性逐渐增加，达到最佳状态后，保持一定时间后会逐渐退步。为了使不同的关节练习达到最大幅度，动作重复的次数不同；为了保持最大幅度动作，重复的次数也不同。在制订各种练习计划时，无论是在发展柔韧性的提高阶段，还是在保持阶段，都要根据这一特点来安排动作的重复次数。

5.间歇时间和方式

动作之间的休息时间应该以保证学生在完全恢复的前提下进行下一个练习为原则。间歇时间的变化幅度比较大,一般为10—15秒至2—3分钟,主要取决于练习的性质、动作的持续时间和参与工作的肌肉数量。在训练实践中,可根据学生的主观感觉来决定。当学生自我感觉已经准备好做下一次练习时,这时的间歇时间是相对适宜的。间歇时间短进行一般的休息,间歇时间长可安排小强度练习,如放松练习、肌肉按摩或自我按摩等。

(二)柔韧素质训练的基本要求

第一,全年系统安排柔韧素质训练。在全年训练的任何一个周期,都要安排发展或保持柔韧性练习。若停止柔韧性练习,学生的柔韧素质会就很快消退到原有水平或接近原有水平,因此应每天都安排柔韧性练习。

第二,在一年训练周期中,发展主动柔韧性和被动柔韧性的比例应有所变化。在开始阶段,主要发展被动柔韧性,为主动柔韧性的发展奠定基础;一段时间之后,以发展主动柔韧性的练习为主。

第三,发展柔韧性要与力量训练相结合,主要是通过改善肌肉的转换机制,提高肌肉的协调能力。这样不仅有利于力量素质的提高,还能使柔韧性得到最大程度的发展。

第四,在做肌肉紧张的练习后,应做些放松肌肉的练习。

第五,发展不同关节灵活性所需要的时间不同。肩关节、膝关节和踝关节的灵活性发展较快,而髋关节和脊柱关节的灵活性发展比较慢。

第六,静力性和动力性的柔韧性练习要交替进行。在高校学生的柔韧性练习中,主动性柔韧性练习占练习总量的80%,静力性柔韧性练习一般只占练习总量的20%。在训练实践中,一般先进行动力性柔韧性练习,然后进行被动柔韧性练习,最后进行静力性柔韧性练习。

(三)柔韧素质训练的基本方法

柔韧素质训练主要通过伸展运动进行,目前已发展了许多伸展练习方法与技术,主要可以概括为动态伸展、静态伸展、被动伸展、本体感受性神经肌肉促进术。选择哪一种方法进行伸展练习,主要取决于练习目的和安全要求。对于体育运动与正常人的体适能练习而言,应用得最多的方法与技术主要是动态伸展与静态伸展。

1.动态伸展

动态伸展指在关节活动范围内进行与运动或活动项目相关的专门性伸展动作练习。已有的研究表明,准备活动后、正式运动前进行相关动作的动态伸展有助于提高运动能力,如原地高抬腿。动态伸展不但具有动作专门性,而且具有速度专门性。因此,动态伸展应该包括低节奏动用关节活动范围的伸展练习与高节奏动用关节活动范围的伸展练习。在实际的动态伸展练习中,动态伸展技术要求分为三个阶段,在接近整个关节活动范围的幅度内进行肢体的伸展运动或活动,开始时以慢而安全的速度进行,然后以中速进行,最后以实际运动中所能达到的高节奏进行。

动态伸展与振摆伸展的不同之处在于,动态伸展中活动幅度不会达到关节活动范围极限,因此产生伤害的可能性较低。

2.静态伸展

静态伸展是使肌肉在最大伸展位置上维持一定伸展时间的练习。有许多研究发现,在准备活动中,安排静态伸展练习可能削弱肌肉工作能力,从而降低运动能力。静态伸展的另一个主要的缺点是缺乏专门性,不能模拟运动中或活动中用到的动作。由于大多数运动或活动是动态的,因此要将动态伸展和静态伸展结合起来进行,而不是单独运用静态伸展。一些专家建议在准备活动后应该紧接着安排动态伸展内容,而在整理活动阶段安排静态伸展。与动态伸展技术相似,静态伸展技术也将静态伸展分为轻柔伸展、感受伸展与最终伸展三个阶段。在轻柔伸展阶段,通过缓慢的运动动作进入伸展,伸展时只施加稳定而轻柔的力量。在感受伸展阶段,增加牵拉强度,从而进入可感觉到肌肉被拉长的状态;在最终伸展阶段,进一步增加牵拉强度,直到开始出现不舒服的感觉,并保持10—30秒。在实际练习时,每完成一个伸展动作至少需要花费30秒时间。在练习时,由起始位置开始,在没有振摆运动的情况下,通过缓慢增加拉伸强度,由轻柔伸展进入感受伸展阶段通常需要10—15秒的时间。在最终伸展阶段,至少要持续10秒,如果有疼痛的感觉,不应该马上放弃伸展,而应该将拉伸状态调整到感受伸展阶段。

在最终伸展位置上保持多长时间最有效,目前还没有一个确定的标准。如果是维持柔韧性,至少要持续10秒;如果要提高柔韧性,至少要持续30秒,而且30秒可能也是最有效的持续时间。一些研究发现,与持续30秒相比,30秒以上至60秒之间的持续时间产生的柔韧性改善只略有提高,但由此带来的时间消耗将使伸展练习变得难以实施。

3.被动伸展

被动伸展是在外力(人或器械)帮助下在关节活动范围内进行安全的缓慢伸展。在被动伸展时,要求被伸展肌群尽量放松。被动伸展通常应用在损伤的康复阶段。

4.振摆伸展

振摆伸展是通过反弹力量摆动肢体达到关节活动范围的极限或不适位置的练习。振摆伸展因肌肉伸展幅度太大和伸展速度太快而容易引起软组织损伤。振摆式伸展也可能导致延迟性肌肉疼痛。因此,它被认为是一种较危险的伸展运动。

第五章 高校体育专项教学与技能训练实践

第一节 田径运动教学与技能训练

一、高校田径运动教学策略

（一）革新固有观念，肯定田径价值

田径运动不仅仅是简单的体能锻炼和技能学习，更是一种全面培养学生身心健康、意志品质和社会适应能力的教育过程。田径项目的多样性和全面性是无法被其他任何一项运动项目所替代的，走、跑、跨、跳、投、攀爬等多种动作的组合，能够全面提升人体的运动机能水平与身体素质水平。通过田径课程的学习，学生可以掌握基本的运动技能和理论知识，为其他运动项目的学习和发展打下基础。例如，跑步作为田径运动中最常见的一项，就涵盖了多种类别的不同竞赛项目，不仅能够增强人体的心肺功能，塑造健美的身体形态，还能够塑造良好的精神品质，带来身心的愉悦感。因此，高校田径教学改革必须充分肯定田径课程的育人价值，将其作为一门重要的体育课程来对待。科学、系统的教学安排，能够让学生在田径运动中感受到成长的喜悦和收获的满足。

（二）引入趣味游戏，创新教学方式

作为田径课堂的主导者，田径课程教师在体教融合背景下的教学改革中承担着重要的责任，不仅需要改变原来传统陈旧的教学观念与教学方式，还需要积极探索和创新，以适应新时代学生的需求和田径运动的发展。将体育游戏引入到田径课堂教学中是一种富有创意和实效性的尝试。例如，在锻炼学生团结协作能力的田径项目中，教师可以引入“捕鱼网”游戏，要求学生之间相互配合，共同编织一张“捕鱼网”，以捕捉场地内的“鱼”。另外，教师还可以在课堂中引入“贴膏药”游戏，在该游戏中，要求

学生在短时间内快速做出反应，贴到指定位置的“膏药”，这对于提高他们的身体灵敏性和协调性具有很大帮助。除了引入体育游戏外，田径课程教师还应注重学生自主学习意识的培养，通过实施讨论式和启发式教学，鼓励学生积极思考问题，并在运动实践中寻找问题的答案。例如，在跳远项目中，教师可以让学生自行思考如何通过调整助跑速度、起跳角度等方法来提高跳远成绩。这不仅能够充分发挥学生的自主性，还能培养他们的创新精神和解决问题的能力。

（三）加强教师培训，优化授课技能

高校作为推动社会进步的重要引擎，一直承担着培养未来人才的重任。在田径教学中，高校更应积极发挥引领作用，推动教学改革，提升教学质量，其关键在于坚持“引进来”与“走出去”的战略双翼。所谓“引进来”，即高校要为广大教育工作者提供足够的学习机会。例如，可以定期组织教师参与科研工作和讨论，不仅局限于教学方法的改进，还可以深入探讨田径运动的发展趋势和国际前沿动态。同时，定期邀请国内外田径教育领域的专家来校进行学术交流，举办讲座或工作坊，让教师能够接触到最新的教学理念和教学方法。而“走出去”则鼓励高校教师走出校园，参与更广泛的教学研讨和实践活动。高校之间可以联合举办田径教学研讨会，分享各自的教学经验和成功案例，使不同学校的教师可以交流思想，碰撞出创新的火花，实现教学资源的共享，有助于教师拓宽视野，接触到更多元的教学内容和方法，从而推动田径教学的多样化发展。当然，无论是“引进来”还是“走出去”，最终的目的都是提升教师的教学技能和教学理念，进而提高田径课堂的教学质量。因此，高校还需要建立一套完善的机制，将教师在实践中获得的经验和知识进行整理、加工，形成系统化的教学理论，不仅可以指导本校的田径教学实践，还可以通过学术出版物或网络平台等方式，推广到更广泛的教育领域，推动我国田径教学的整体进步。

（四）拓展课外活动，支撑田径教学

一个完善的学校体育授课体系应包含体育课程教学、课外体育活动、课余体育训练和课余体育竞赛四大板块，它们之间相互补充，层层递进，以科学、系统的方式推动学生参与体育运动，提高身体素质，培养竞技精

神。田径运动作为基础运动项目,更应在这一体系中得到充分普及与提升。因此,需要从多个方面构建完善的田径授课体系。

首先,高校应积极开展与田径项目相关的课外体育活动。例如,可以定期组织校园内的田径趣味挑战赛,设置不同的趣味项目,让学生在轻松愉快的氛围中体验田径运动的乐趣。同时,引入激励机制和奖惩机制,对那些在课外体育活动中表现突出的学生给予一定的奖励和荣誉,以此激发更多学生的参与热情。

其次,高校应鼓励并支持高水平运动队和体育俱乐部的建立与发展,以聚集一批对田径运动有浓厚兴趣的学生,并对其实施更为专业和系统的训练。高校之间还可以联合举办田径联谊比赛,这样不仅能够增进校际交流,还能在竞技中提升学生的运动水平和团队协作能力,逐渐形成具有地区特色的田径系列赛事,将高校田径运动发展推向更高的水平。

最后,高校需要为参与课余体育训练和竞赛的学生创造良好的学习和训练环境,包括合理安排学生的学习和训练时间,避免学训矛盾的产生;提供优质的训练设施和资源,确保学生的训练质量;给予学生必要的心理和生活支持,帮助他们更好地应对训练和竞赛中的压力和挑战。通过深入推进体教融合,让学生在参与体育运动的同时,也能在学业上取得优异的成绩。

(五)设立个性标准,完善评价机制

完善评价机制是提升田径教学质量的重要环节,传统的评价模式往往只关注学生的最终成绩,而忽视了学生的努力过程和个体差异。因此,需要改变这种单一的评价模式,强化过程评价与结果评价的结合。例如,在评价学生的田径成绩时,除了考虑学生的比赛成绩外,还应充分考虑学生的训练态度、团队合作精神、技战术水平等多方面因素。为了实现评价结果的全面性和科学性,可以采用学生自评、互评与教师评价相结合的方式。学生自评能够帮助学生更好地认识自己,发现自己的不足;互评则能够促进学生之间的交流与合作;而教师评价则能够从专业角度对学生的表现进行客观分析和指导。除此之外,还应注重学生综合能力的提升。田径运动不仅仅是一项竞技运动,更是一种教育手段。通过田径训练,学生可以培养坚韧不拔的意志品质、团队协作精神、领导力等多方面的能力。因

此，在评价学生的田径成绩时，还应该涵盖教学能力、裁判能力、组织能力等多方面的进步情况与综合表现。

二、高校田径教学训练方法

（一）基本训练方法

1. 速度训练

速度是田径运动中、竞赛中主要强调的内容，因此对于速度的训练是田径运动的基础，也是最基本的要求。传统思维认为速度仅仅是追求过程的整体速度，认为只要跑得足够快，就是速度的提升，但在现代的体能训练理论体系中，运动速度训练有更加细致的划分，速度素质包括动作速度、反应速度等。在更加精细的定义下，田径教学内容要进行更加精细化的调整，教师应遵循科学性、系统性原则，基于对动作速度和反应速度的基本原理，训练学生在这两种速度上的提升与突破。

2. 耐力训练

耐力是人体在运动过程中，身体和心脏在一定时间内所能维持运动的能力。经过系统的训练，耐力是可以不断提升的，但是受身体器官和年龄以及性别的差异影响，耐力的提升是有上限的。对于大学田径教学，耐力训练是必不可少的训练，对于提升学生的田径运动表现有着极其重要的作用，特别是长跑类项目，耐力是其中的关键因素，是学生充分发挥运动技能的基础。耐力训练的基础是运动过程中气息的训练，教师可以作为耐力训练入门的训练方法来对学生进行讲解，特别是对于运动中气息的调整，通过鼻腔完成呼吸，借助科学的气息训练来提升长跑成绩，在自身身体素质的范围内，尽可能地提升耐力和运动表现。这种训练方式的原理和演唱方法中气息节奏训练相似，学生只有掌握好节奏，根据节奏调整好呼吸及步伐，做好体能的调配，是提升耐力表现的重要方式。此外，可借助变速跑、追逐跑、折返跑等方式展开训练，利用多样的训练内容，减少耐力训练中的枯燥性，提升学生对于耐力训练的兴趣，达到最好的训练目标和效果。①

---

①张亚辉．把握要点，科学提升——高校田径体能训练的实施方法及提升策略研究[J]．运动精品，2020，39(08)：72—74.

3.爆发力训练

爆发力是学生在短时间内肌肉力量的集中作用,从而达到人体在短时间内实现速度与力量方面突破的一种能力。在田径运动中,中短跑以及投掷类、跳跃类的项目对于爆发力的要求最高。例如,百米赛跑,就将人类爆发力体现得淋漓尽致。因此在体能训练中,教师应该注重学生爆发力方面的训练,可以有效减少因为爆发力不足,导致的肌肉和关节损伤。最常见的训练方法,如在400米操场上组织学生进行冲刺、弯道减速、长距离的变速跑等训练,要求男生跑4—6圈,女生跑2—4圈,每次课程都要有针对爆发力的训练,同时加以对运动过程中呼吸频率和步频节奏的训练,让学生掌握如何在短时间释放肌肉力量,达到高爆发的目的。

4.灵敏训练

灵敏性的训练,与反应速度的训练不同,灵敏性是指在运动过程中,动作的节奏和技术动作衔接环节上的高效的能力。因此,在体能训练过程中,灵敏性训练也是必不可少的环节,特别是在一些投掷类的田赛项目中,不仅要有爆发力的训练,灵敏性的提升能够极大降低田径学生出现违规的概率,在合理的范围和规则内,控制身体,完成技术动作。例如,在三级跳远的过程中,对于把控起跳时机这样动作灵敏性的训练,能够极大地提升学生的运动表现,掌握最佳的起跳时机,既不犯规,还能在规则的允许范围内,跳出自己最好的成绩。在平时的田径教学过程中,针对灵敏训练主要从对学生的步频、步长进行训练,让学生掌握良好的节奏,形成稳固的肌肉记忆,这样可以在田径比赛的过程中,提升灵敏性,具备了良好的步频、步长,实战中发挥灵敏性优势,取得更好、更优异的成绩。

(二)提高技术的方法

1.分析动作技巧

首先,对每个田径项目的动作技巧进行细致的观察和分析。可以借助慢动作回放技术、角度摄像等工具来帮助分析。其次,针对每个学生的个人特点进行技术分析。针对每个学生的特点,制订相应的训练计划和技术指导,帮助他们发挥自身的优势。最后,注重细节,并进行反复的训练和调整。学生需要反复进行动作训练,不断完善和调整自己的动作姿势、力量运用等技术细节,从而打破技术瓶颈,以提高表现水平。

2.模拟训练活动

在高校田径学生技术提高方面,模拟训练活动是一种非常有效的方法。模拟训练活动可以帮助学生更好地理解和掌握技术要领,以提高他们的技术水平和竞技能力。对于短跑项目的学生,可以进行起跑器材训练和加速度模拟训练。起跑器材训练可以通过使用起跑器材模拟比赛情况的形式,锻炼学生的起跑反应速度和爆发力。加速度模拟训练可以通过设定不同的距离和速度要求,让学生在训练中达到最佳速度,以增强他们的加速度和爆发力。对于投掷项目的学生,可以进行弹射器材和落地模拟训练。弹射器材的设置可以帮助学生模拟比赛中的投掷起动动作和身体控制,促使他们能够更好地运用身体的力量,提高投掷的力量和准确性。

3.个性化指导

教师可以通过个性化指导来满足每个学生的特点和需求,帮助他们全面提高各项技术。在个性化指导过程中,教师首先可以针对每个学生的体质、天赋和技术水平进行综合评估。这样可以了解学生的个人优势和不足,并确定其个人技术发展的重点。例如,针对一名速度型选手,教师可以注重加强其爆发力和加速能力的训练;而对于一名技术型选手,重点可以放在提高其技术动作的精准度和稳定性上。

第二节　跆拳道教学与技能训练

一、高校跆拳道教学策略

(一)高校跆拳道的主要教学内容

1.礼仪礼节

跆拳道教学要十分注重礼仪礼节,课前向国旗敬礼,可以体现爱国情怀;学生和教师之间敬礼,展现了尊重的良好品行;学生之间相互敬礼,表示和睦友好。通过引导高校学生对跆拳道礼仪礼节进行学习,有助于高校学生形成良好的思想品质。

2.技术教学

跆拳道技术内容有很多,比如步法、腿法、躲闪、格挡等,不同内容技术要点也有所差异。在步法内容中,包括前后左右滑步、前后交叉步等技术要点;在腿法内容中,则包括前踢、横踢、后旋踢等技术要点。

3.品势学习

跆拳道的品势由技术动作的攻防进退构成,品势教学内容有太极1—8章,如金刚、太白、天拳、汉水等。高校学生需要选择适合自己的品势进行练习,才能获得相应的段位制考核级别。

4.击破训练

击破在高校跆拳道训练中占据重要地位,在引导高校学生进行跆拳道击破训练时,要规范学生的跆拳道技术动作,包括拳掌击破、腿法击破、腾空击破等。

5.实战对抗练习

跆拳道实战对抗是双方严格按照编排攻防技术进行配合练习的一种方法,较常使用的练习方式包括一人进攻一人防守、一人由防守转入进攻等,应对高校学生跆拳道实战能力进行培养。①

6.防身自卫

通过设定不同现实情境的方式,运用有效跆拳道技术动作进行自我防卫。实践中主要练习方法有对付拳掌的自我防卫、对付腿法的自我防卫等。

7.体能训练

跆拳道体能训练包括健康体能和竞技体能两种,前者包括肌肉力量、心肺耐力、柔韧性等,后者包括爆发力、灵敏性、反应力等。体能训练方法有慢跑、柔韧训练、击打抗击打训练等。

(二)提高高校跆拳道教学质量的策略

1.完善课程教学体系

由于高校跆拳道教学涉及的内容有很多,因此要借助跆拳道教学促进高校学生综合素质的提升,围绕这些教学内容对现行课程教学体系进行构

①王思薇.高校跆拳道公共体育课对学生体育学科核心素养的培养现状研究[D].太原:山西大学,2023.

建与完善。具体内容包括以下几点。

第一,跆拳道基础知识。跆拳道基础知识是高校学生学习跆拳道的基础,学生通过学习跆拳道基础知识,能够对跆拳道运动项目有更加系统、全面的认知,并能为后续学习奠定良好的基础。高校教师可以先了解跆拳道基础理论知识,然后将其以系统结构知识的方式融入跆拳道教学课程体系中,供学生有效学习和系统掌握。第二,跆拳道技术训练。技术训练是高校跆拳道教学的核心内容,直接影响到学生综合素质的形成。实际训练中需要加强跆拳道技术训练研究与分析,将跆拳道基础动作、品势技术、器械训练、拳法技术、格挡技术等融入跆拳道教学课程体系中,使学生在对这些技术内容学习后,可以提高自身跆拳道技术水平,促进学生身体素质、心理素质得到有效提升。第三,跆拳道礼仪精神。跆拳道礼仪精神在培养学生思想素质、文化素质方面发挥着十分重要的作用。在完善跆拳道课程教学体系时,要注意对跆拳道这项体育运动蕴含的礼仪与精神进行分析和了解,然后有选择性地融入现有课程教学体系中,使学生通过现行跆拳道课程体系的学习,有效提升自身综合素质。

2.掌握学生实际需求

高校跆拳道教学要想促进学生综合素质的有效提升,就需要了解学生实际的跆拳道学习需求,然后在实际跆拳道教学中满足学生需求,激发学生学习锻炼兴趣,从而提升学生综合素质。相关措施包括以下几点。

第一,加强学生沟通交流。高校教师在对学生开展跆拳道教学工作之前,可以采用问卷调查、座谈会等方式,增进教师与学生之间的关系,及时了解学生对高校开展跆拳道教学活动的想法。同时,高校教师在与学生进行主动沟通交流以后,可以对学生的跆拳道水平进行有效掌握,进而为跆拳道教学训练计划的科学合理制订提供有力的信息支持。第二,掌握学生不同需求。不同学生对跆拳道的学习需求也存在一定差异,比如有的学生希望可以了解跆拳道精神,有的学生希望可以掌握许多跆拳道技术动作,有的学生希望通过跆拳道学习进行升级等。要求高校教师注意对学生不同的学习需求进行了解与分析,并在开展跆拳道教学时进行综合考虑和有效满足,这样才能提高跆拳道教学实效,并发展学生综合素质。

3.采用合适的教学方法

要增强学生跆拳道学习的主动性，提高学生综合素质培养效率，需要紧密围绕跆拳道教学内容，选择合适的教学方法并加以应用。这些方法包括以下几点。

第一，多媒体教学法。在向学生教授跆拳道基础性知识时，为了将教学内容变得更加形象、生动、有趣，可以借助多媒体手段提高跆拳道理论知识的趣味性，吸引学生注意力，帮助学生理解跆拳道基础知识。第二，微视频教学法。围绕跆拳道核心知识点，制作微视频课程，学生在课前可以随时下载，自主学习，从而对跆拳道教学内容有更加深入的了解。教师在之后的跆拳道课堂教学中，对学生学习存在的不足之处进行细致分析并科学指导，最终实现教学内容入脑入心。第三，打造高效课堂教学法。作为当前高校教师较常使用的一种教学模式，实际应用时会将学生视为课堂教学的主体，然后选择合适的跆拳道教学内容，对课堂教学活动进行科学组织设计，使之更加贴合学生跆拳道学习的需要。同时，在课堂教学活动中，为使学生主动参与其中，还会采用小组合作、问题探究、项目训练等方式，引导学生自主学习跆拳道知识，并参加跆拳道实践训练，在提高整体跆拳道教学效率的基础上，学生综合素质也能得到有效培养。第四，线上线下混合式教学法。信息化时代的到来，使信息网络技术在高校教学领域得到了十分广泛的应用。将线上线下混合式教学模式融入高校跆拳道教学中，可以使学生更容易接受跆拳道教学训练。实践中，学生可以通过线上平台进行跆拳道基础知识学习，也可观看学习跆拳道技术动作的视频，然后通过线下教学进行跆拳道实践训练。在线上线下的密切融合下，学生的跆拳道知识会更加丰富，技术会得到提升，为学生综合素质的形成打下坚实的基础。

4.重视学生实践训练

加强学生跆拳道实践训练，有助于提升学生的身体素质和思想素质。相关措施包括以下两点。

第一，注重学生体能训练。高校教师要先了解学生的身体素质情况，然后从性别角度入手，对体能训练项目、训练方式、训练时间等进行科学设定，这样才能有效增强学生的身体素质，为后续跆拳道技术训练和实战奠定良好的基础。训练中可以选择慢跑、负重训练、灵敏训练等方式，引导高校学生严格按照教师制订的计划进行训练，根据学生参与训练的实际情况，对训练项目和时间进行调整。第二，加强学生技术教学。技术教学在跆拳道教学中占据着至关重要的地位，并直接关系到学生综合素质的培养与形成。高校教师可以从基础动作、品势技术、条件实战、格挡技术等方面入手，组织学生参加相关技术训练活动，让学生在学习实践中不断提升自身跆拳道水平，涉及的身体素质、心理素质和思想素质也能得到有效培养。

5.组织开展各种活动

通过高校跆拳道促进学生综合素质发展，并不是一朝一夕能够实现的。学生学习跆拳道的兴趣，只靠课堂教学和实践训练还不够，需要根据不同学生的不同需要，组织开展各种类型的活动，让其在参与过程中获得个性化的发展。相关措施包括以下两点。

第一，开展校园文化活动。紧密围绕跆拳道这一体育运动项目，在校园内组织开展相关文化活动，比如跆拳道文化知识竞赛、跆拳道社团展示、跆拳道文艺创编表演等。通过开展这些活动吸引更多学生参与其中，让其在获得更深的体验后，激发出学习跆拳道的兴趣，这样通过跆拳道促进学生综合素质提升的过程也会变得更加游刃有余。第二，组织跆拳道竞赛。在引导学生完成跆拳道学习以后，就可以组织开展相应比赛活动，让学生在真实对抗比赛中，深刻感受到体育运动的魅力，后续进行学习也会更加投入。同时，围绕不同跆拳道技术教学内容，开展拳法比赛、格挡比赛、腿法比赛等活动，学生根据自身实际情况选择性地参与，也会了解到自己真实的水平，在后续学习训练中进行优化提升，最终学生的综合素质也会得到有效培养。

6.深化落实教学评价

通过跆拳道教学发展学生综合素质是一个长期性的过程，落实好跆拳道教学评价工作，可以帮助高校教师更好地了解学生跆拳道学习状况和综合素质培养效果，针对学生存在的不足之处也能及时发现并解决。相关措施包括以下三点。

第一，构建科学教学评价体系。执行时最好可以从结果性评价和过程性评价两个层面入手，对高校跆拳道教学评价体系进行构建。其中，结果性评价主要是从教师角度着手，对开展跆拳道教学的质量进行细致把握。过程性评价则是从学生角度着手，对学生跆拳道学习过程及取得效果进行总结与评价。第二，明确教学评价指标。要通过评价结果有效反映出跆拳道教学效果，还要注意对教学评价指标进行明确。涉及的内容包括课程内容选择、教学方案设计、课堂活动组织、教学方式选择、学生学习态度、任务完成情况等，通过对这些评价指标进行赋值，就能科学、真实地展现跆拳道教学质量。第三，注重评价结果运用。在完成跆拳道教学评价工作后，高校教师要对评价结果进行有效应用，可以将之与促进学生综合素质发展相联系起来，围绕存在的不足之处，采用对应措施进行优化，使学生各项素质可以得到有效提升。

二、高校跆拳道训练方法

（一）技术训练方面

横踢技术：在实际训练时，将皮条系于脚踝，展开拉力辅助练习，以帮助训练者提升腿部力量和收腿的速度。具体以15次为一组，共开展5组，各组间歇30秒。也可以试试反应靶训练或者辅助控腿训练，其中后者主要是展开专项肌肉训练，比如提膝训练、弹踢训练等。

下劈技术：在训练过程中，重点以反应靶训练和皮条训练为主。

推踢技术：具体可以应用辅助控腿法，一般直腿控制2分钟，再换另一边，共开展10组，各组间歇30秒。也可以要求训练者踢手把，加强击打准确度训练。

其他技术：其他诸如转身技术、双飞踢技术等具体训练方法和上述几种技术所采取的方法几乎一致。需要注意的是，在技术训练中要尽可能展开合作训练，在陪练陪同下操作。比如，在踢手把练习中，需要陪练者将脚靶放在胸前，训练者直接横踢，这样可以实现两者的共同练习，在强化训练者进攻动作的同时，也提升陪练者的防守技能。

（二）体能训练方面

主要训练内容：耐力训练方面，主要以基础有氧以及耐力跑方式为核心，比如展开千米跑等。力量训练方面，必须综合训练者的承受能力，根据实际情况采取适合的方式方法,常规的主要有深蹲、卧推、高翻等。

恢复性体能训练:该阶段主要是帮助训练者恢复整体运动机能和能力,往往以承受大负荷为基础,即器官工作能力和机体有氧代谢能力。

基础体能训练:该阶段重点是对关节肌群力量进行训练,以提升训练者的基础力量以及力量耐力,给后续其他训练做好准备。需要注意的是,应特别保护膝关节和腰部,避免造成训练者身体损伤。目前最常见的基础力量训练主要有负重杠铃训练、实心球操等。

专项体能训练:与其他运动项目相比较,跆拳道的项目特点存在很多不同之处,在训练时必须基于训练者的具体情况展开体能练习。比如,对于基础力量训练,就必须将重点放在最大力量、力量耐力和力量速度上,通过蹲起、卧推、杠铃划船等方式进行训练。

(三)战术训练方面

直接进攻方面:即当训练者强度和力量都达到一定程度之后,要求其极限应用自身体能进行目标打击,形成主动进攻的意识。训练时可以组织开展实战,即要求在实战中,进攻方一直强攻,直到获得比分才能停止;另一方则可以防守和反击,但得分和训练无关,只配合进攻方训练即可。

压迫式强攻方面:通常该战术的应用和比赛领先与否存在一定关联,比如比赛领先时,就以防守反击为主,以保持体能;比赛落后时,则要强攻得分,从而使用压迫式强攻。对此,在训练时必须展开高强度自由靶练习,或者实施条件实战,即约定好比赛时间,在最后30秒但落后1分的情况下,要求主动强攻拿分。

边角战术与防守战术方面:通常在跆拳道比赛中,当学生处在边角时,都会基于实际情况采取进攻或防守的战略。日常训练时,主要是利用场地限制使训练者主动采取这一战术,通过躲闪、防守等,摆脱边角劣势,也可以让训练者处在主动一方,尝试让对手失分或出界。

(四)协调性训练方面

踏板练习:常规踏板练习的方法比较多,常见的有左右换脚,即将脚放在踏板上,上下交换,交换速度通常较快,以实现良好的步法训练;左右换腿跳,即在踏板上展开纵跳训练,单腿发力向上跃起,并实现左右交换,以达到强化下肢力量和速度的目的;左右分腿,即左右各放置一个踏板,进行分腿训练,以提升下肢控制能力。

绳梯训练:主要是指借助绳梯制造的空格,在地面上实施脚步训练,以提升训练者的灵敏度。常见的动作主要包含分腿跳、小步跑动、交叉步跑动等,具体可以进行交叉变化,并实施正面和背面转换。

(五)柔韧性训练方面

对于跆拳道而言,柔韧训练十分关键,特别是对于一些年轻的训练者。目前最常见的方法主要是动态拉伸,以行进间的练习最为常见。此外,静态拉伸也十分关键,往往在正式训练结束之后进行,能更好地预防运动之后的疲劳与损伤,进一步提升柔韧性。由于跆拳道运动腿部攻击效果的大小是由前后与左右劈腿实现的,所以在柔韧性训练时还需特别关注前后左右劈腿、压腿。其中压腿就是将腿放在一定高度,借助外力作用对肌肉、韧带、关节进行拉伸,以强化肌肉与韧带弹性,提升柔韧性。值得关注的是,柔韧性训练具有长期性特征,在日常训练时切忌过度用力,或者未综合训练者身体状况强制练习,必须尽可能平稳、缓慢,循序渐进地展开全方位训练,在避免身体损伤的同时保障训练效果。

第三节　健美操教学与技能训练

一、高校健美操教学策略

(一)健美操的发展概况

健美操这项结合了音乐节奏的体育运动,融合了舞蹈、体操和健身训练的多种元素,最早起源于20世纪的欧美国家,起初属于竞技体育的一个类别,而后随着运动的普及,逐渐发展成为大众的健身活动。健美操的核心在于,通过音乐节奏引导的一系列体操动作,提高参与者的身体协调性、力量、灵活性和耐力,健美操运动所包含的跳跃、旋转、弯曲和伸展动作既可单独完成,也可在团体中协同完成。

在当今健身领域,健美操颇受广大青年的喜爱,透过多样化的体操动作,健美操得以有效锻炼运动者身体的多个部位,最终增强身体的肌肉力量、柔韧性、平衡感和协调性。更加重要的是，健美操对于心肺功能的提升也具有显著的效果，处于一定水平的持续运动能够促使运动者心率加快，在日复一日的运动中提高心肺耐力，最终降低发生心血管疾病的概率。随着民众健康意识的觉醒和生活方式的多样化发展，健美操也正逐步褪去身上的竞技色彩，由传统的健身房环境走向更广阔的空间。现阶段的健美操课程设计也能够贴合运动者的个性化需求，得以满足不同年龄层、不同身体条件人群的需要。从另一个层面来看，这种“进化”过后的现代健美操正将传统健身运动与流行文化、艺术元素相结合，进而衍生出街舞健美操、拉丁健美操等，为广大爱好者提供了更加多样的健身选择。

（二）高校健美操教学的优化路径

1.完善学习环境

健美操作为一项对场地、器材有着较高要求的运动，教学质量的提升成果在很大程度上受到教学环境的影响。因而为了更好地满足学生的运动需求并推动高校健美操的全面发展，社会及学校领导需提升对该项目的支持，进一步加大对健美操运动的资金投入，加快落实基础设施建设，改善教学环境。

资金的充分投入是建设专业健美操场馆和设施的关键，在经费充足的情况下，应考虑建造专门的健美操场馆，配备弹板、木地板或地毯等专业设施，即便在资金紧张的情况下，也应至少保证室内的健美操场地满足基本需求。专业健美操场地应避免与其他运动项目混用，确保教学环境的独立性和安全性。理想的健美操教学环境应包括独立且安静的空间、充足的阳光、适宜的气温，以及全身镜、音响等必要的教学设备。①

为了确保场馆和设备的有效利用及维护，应制定体育场馆应用管理条例及相应的规章制度，保证体育设施的使用频率，同时也应关注场馆内器材的保养与维护水平。优化健美操的教学环境，可以极大地提升学生参与该运动的积极性，吸引更多学生投身于健美操学习，增强学生对健美操美感和力量结合的体验，进而提升他们的身心健康和生活质量。

①仲冰冰，颜军．体教融合视角下高校健美操专项教学改革的思考[J]．山东师范大学学报（自然科学版），2022，37(02)：205—211．

2.更新教学方法

在传统的健美操教学中,教师主导的讲解和示范往往导致学生的参与是被动式的,从而使学习变得单调且缺乏吸引力。这种模式下,学生对健美操的热情很难被激发,因此对教学方法的革新变得尤为迫切。在这个过程中,教学策略应充分考虑到学生的个性和需求,尊重他们的个体差异,并在课堂上提升他们的主体地位。现代新媒体技术的融入,比如通过慕课(MOOCs)和多媒体工具播放的健美操视频,不仅可以为学生提供更全面的健美操知识,还能有效激活课堂氛围。此外,通过小组练习和分组讨论这样的互动式教学方法,可以更好地引导学生积极参与学习过程,从而使他们真正成为学习的主导者。

安排小组展示、使用双向教学方法或落实组内互评和小组间的评价方法,不仅可以增加学生之间的互动,还能进一步激发他们对健美操的兴趣。这种方法的核心在于鼓励学生的主动参与和批判性思维,从而在学习过程中培养他们的自主性和创造力,通过激发学生的主动性和参与感,提高健美操教学的质量和效果。

需要注意的是,教师在教学中应该跳出传统以教材为中心的教育观念,将学生的需求和发展放在首位。通过挖掘学生的潜能,采用分层次教学等手段实施因材施教,结合理论与实践,积极组织校际健美操比赛,鼓励学生参与学院或学校的文艺表演,提供给学生更多的展示机会,实现以赛促练、以赛促学,最终构建休闲、竞技并举的健美操课程体系。对此,教师自身的专业发展也就成为提升教学质量的关键,教师需要不断学习,提升自己的审美情趣,深入理解健美操背后的音乐艺术及美学。只有这样,教师才能在教学过程中真正将健美操作为一门艺术传递给学生,帮助他们正确理解健美操的美感。

3.调整教学内容

教学内容的设计对于课程教学的成败而言至关重要,尤其在健美操教学中,内容的创新和多样性直接影响着学生的学习兴趣及最终的教学效果。为了促进健美操教育的发展,不仅需要更新传统教育理念,还要将其与多学科知识和技术进行融合,以达到不断开发和创新的目标。

在当代健美操教学的革新中,教师角色的转变至关重要,传统的教学观念以教材和标准动作为中心,这种方法往往忽略了学生个体差异的重要性。现代教学理念强调个性化的教学方法,这要求教师不仅认识到每位学生独特的身体素质和能力,还要理解他们的性格特点。基于这种认识,教师应设计多样化和个性化的健美操套路,充分考虑到学生的不同需求和喜好。为了吸引学生并激发他们的学习热情,教学内容应融合现代流行元素,选择符合当代风格的音乐并创编新的健美操动作,使之既能锻炼身体也能愉悦心灵,使学生得到身心锻炼。

需要注意的是,理论教育在健美操学习中同样重要,它是技术学习的基础。高校应重视健美操理论教育,向学生传授其起源、发展、分类、特点、音乐选配及运动伤病的预防等知识。理论教学应与技术实践相结合,根据不同年级学生的特点选择合适的理论内容,如低年级学生重点了解健美操的基础知识,高年级学生学习更深层次的健美操内容,如自主创编技巧以及运动损伤预防知识。在实践教学方面,应注重体态、动作等基础技术的教学,教学内容也应全面丰富,包括拉丁舞、芭蕾舞、古典舞和搏击舞等不同风格,打破单一教学内容的局限,如此才能够吸引更多学生对健美操产生浓厚兴趣。

4.强化管理效果

在当今高等教育体系中,高校健美操的发展显得尤为重要,而学校的高度重视无疑是推动其发展的核心动力。首先,高校必须强化师资队伍的建设,增加教师外出学习和培训的机会,确保他们能够及时掌握健美操的最新动态和专业知识。作为教育的基石,教师的专业素质直接影响到课堂教学的质量。因此,定期举办健美操专业培训,邀请业内杰出的健美操教师或学生来校举办讲座和座谈,不仅能够为教师提供专业的学习平台,还可以有效提升他们的教学技能和专业水平。教师个人也需在课余时间不断学习和提升自己的专业技能,以便更好地掌握和应用最新的教学理念和方法,致力于成为一名卓越的健美操教师。

针对因资源不足而导致课程改革进度迟滞的问题,部分高校可以考虑利用社会资源来推动健美操的发展,积极寻求企业、公司的赞助来举办校园健美操比赛,以影响范围更加广泛的活动吸引学生,增强他们的参与感与竞争意识,点燃他们学习健美操的热情。通过这样的方式,能够有效地将健美操这项运动深入推广到学生群体中，使其成为学生日常生活中不可或缺的一部分，从而全面提升高校健美操的发展水平。

二、高校健美操训练方法

（一）瑜伽球

瑜伽球是一种功能性器材，广泛应用于健美操运动中，以其独特的形状和特性为运动者提供了全面而多样化的锻炼体验，球形器械的直径和弹性使其成为一种理想的辅助工具，可在健身课程中增强趣味性和挑战性。

首先，通过将瑜伽球置于腰部或脚部，运动者可以进行仰卧起坐等核心锻炼动作，利用球体的不稳定性迫使身体更多地依赖核心肌群来维持平衡，从而加强腹肌、腰部和背部的力量。这样的核心训练不仅有助于雕塑身体线条，还可以提高身体的整体稳定性，减少腰部不适。其次，瑜伽球在平衡提升方面发挥了独特的作用。通过在单脚上进行平衡训练，运动者可以更好地激活小腿、脚踝和腿部肌肉，从而提高平衡感和协调性。这种训练方式对于预防扭伤和提高日常生活中的动作稳定性尤为重要。同时，在一些高难度的健美操动作中引入瑜伽球，如站立在球上完成平板支撑，不仅增加了挑战性，还进一步强化了全身肌群的协同作用。最后，瑜伽球在身体柔韧性的提高方面也发挥了积极作用。通过在球上进行一系列伸展动作，如仰卧抬腿、臀桥等，可以有效拉伸背部、臀部和腿部的肌肉，提高身体的柔韧性和舒适度。这对于缓解日常生活中的身体僵硬感、改善体态以及预防运动损伤都具有显著的作用。

（二）软体哑铃

软体哑铃是在健美操运动中广泛使用的功能性器材，其独特的设计和特性使其成为全身肌肉锻炼的理想工具。通过巧妙地整合软体哑铃，不仅可以实现全身肌肉的综合锻炼，还能够在安全舒适的环境中享受高效的健身体验，软体哑铃的运用不仅有助于改善身体形态，还能提升身体的功能性和整体健康水平。

在健美操中，软体哑铃可应用于多种运动动作，涵盖上半身和下半身的肌群，对于上半身训练，运动者可以通过持握软体哑铃进行各种臂部、肩部和背部的运动，如哑铃弯举、侧平举等，以增强上肢的力量和塑造肌肉线条。由于软体哑铃的外层材质,运动者在使用过程中更容易保持良好的手部握持,降低了手部疲劳和受伤的风险。

一方面,通过进行深蹲、弓步、臀桥等动作,运动者可以有针对性地锻炼腿部、臀部和腰部肌肉,达到强化下半身的效果。软体哑铃的柔软特性使得这些运动更具挑战性,因为运动者需要更好地控制哑铃的平衡,进而激活更多的深层肌肉群,促进全身肌肉的均衡发展。另一方面,通过将软体哑铃纳入快节奏的动作中,不仅可以提高心肺功能,还能增加全身肌肉的耐力和协调性,在相关的有氧运动中,软体哑铃的设计为运动者提供了更加灵活的动作选择,使整个健美操课程更加生动有趣。

(三)弹力绳与平衡垫

在健美操运动中,弹力绳和平衡垫在健美操运动中的应用方法为运动者提供了全身性、多角度的锻炼选择,需要充分发挥这两种功能性器材的优势。健美操的训练不仅可以强化肌肉力量、提高耐力,还能够改善平衡和协调性,使整体锻炼更具全面性和科学性,多样化的综合训练有助于提升身体的功能性,为运动者创造更为健康、灵活和有活力的身体状态。具体而言,弹力绳的引入为健美操增添了阻力训练的元素。运动者可以将弹力绳绑在不同的肢体上,如手臂、腿部或脚踝,通过拉伸和收缩绳子,有效地激活相关的肌肉群。这种综合性的训练有助于提高肌肉力量和耐力,使健美操更加全面和高效,弹力绳还可以用于辅助某些动作,如引体向上或深蹲,增加动作的难度和挑战性,为运动者提供更多锻炼选择。

一方面,可以将平衡垫置于地面上,运动者在进行各种动作时需要保持身体的平衡,从而强化脚踝、腿部和核心肌群,平衡提升的训练有助于改善运动者的协调性和姿势控制,降低受伤风险。平衡垫还可以与其他器材结合使用,如在平衡垫上完成弹力绳的拉伸动作,进一步挑战平衡和力量。另一方面,弹力绳和平衡垫的结合运用可以创造出更为刺激和复杂的训练场景。例如,在健美操中,可以结合使用弹力绳和平衡垫进行平板支撑,通过保持平衡的同时拉伸弹力绳,全面激活核心、上半身和下半身肌肉群,综合性的训练不仅使运动更富挑战性,也促使不同部位的肌肉协同工作,提高运动效果。

(四)抗阻力带

抗阻力带是在健美操运动中广泛应用的功能性器材,其独特的设计为运动者提供了灵活而多样的锻炼方式。抗阻力带在健美操运动中的应用方法为运动者提供了全面、多样的锻炼选择。其可调节的阻力水平和灵活性使得这种器材适用于各种不同水平的运动者,无论是初学者还是经验丰富的健身者,巧妙地整合抗阻力带,健美操的训练不仅能够强化肌肉力量和塑造身体线条,还能够提升心肺健康,促进全身协调性,为全面的身体健康奠定坚实基础。

首先,抗阻力带在力量训练中发挥着重要作用。运动者可以将抗阻力带固定在不同部位,如手臂、腿部或腰部,通过拉伸带子进行各种动作,如深蹲、引体向上、推举等,以增加阻力,强化相关肌肉群。由于抗阻力带的可调节性,运动者可以根据个体的强度和目标来选择适当的阻力水平,实现个性化的力量训练,帮助雕塑身体线条。其次,抗阻力带在身体塑形中具有独特优势。通过在健美操中融入带有阻力带的动作,运动者可以有针对性地锻炼臀部、腹肌、背部等部位,实现全身肌肉的均衡发展。例如,利用抗阻力带进行侧腿抬高或站姿侧弯等动作,不仅能够有效刺激腰部和臀部肌肉,还能提高身体的柔韧性和协调性。最后,抗阻力带的应用也可以丰富健美操的有氧运动元素,需要在高强度有氧动作中引入阻力带,如跳绳、快速踏步等,可以增加运动的挑战性和效果,具有针对性的有氧训练不仅提高心肺功能,还可以加速脂肪燃烧,促进体重管理和身体塑形。

第四节　游泳教学与技能训练

一、高校游泳教学策略

近年来,随着学校教学改革的不断推进与发展,学校愈发重视学生的全面发展。游泳作为培养学生体育素养的运动项目,也成为学生必学的运动技能。游泳运动是一项比较特殊的运动,具有较多的危险因素。游泳运动作为一项全身性运动,能够使全身都得到锻炼。学校游泳教学的好坏、课程设置是否合理,关乎每一位学生对游泳这项运动的认知以及掌握程度,要加大游泳教学的力度,努力普及游泳教学。

(一)树立正确的游泳教学的指导思想

从目前的情况来看,高校整体上比较重视学生的安全问题,不管是学校还是教师都有很强的安全意识,但由于过分地重视学生的安全问题,教师开展的教学活动有一定的限制。我国在教育改革的同时,要求重视学生的个性化特点、发展需求,给予针对性的教学。因此,高校在进行游泳教学时,应该转变指导思想,除了要重视学生的安全问题,还要进行适当的创新,对实施的教学手段和教学方法进行创新和改变,对现有的教学内容进行进一步的丰富,用形式多样的教学方式以及丰富的教学内容来提高学生对于游泳学习的兴趣和积极性。比如,教师可以向学生播放游泳比赛视频,让学生了解加强游泳训练的重要性;或组织班级游泳比赛,激发学生的参与兴趣。教师还可以鼓励学生自主组建游泳社团,或加强技巧的训练等,促进学生游泳技能的提高。另外,在游泳教学中,要多采用启发式的教学,让学生不断地思考领悟。

(二)丰富游泳教学内容,适应学生的发展需求

目前,高校的游泳教学内容比较单一,大部分都是蛙泳,很少涉及其他内容的教学。为了进一步增强教学的效果,需要在设计教学内容时适当地考虑学生的实际需求以及社会对于学生的要求,对现有的单一的竞技游泳技术的教学内容进行改善和丰富,尤其是需要加入一些游泳救生以及实用性的游泳相关的内容,让游泳教学变得更加多样。同时,也可以结合学生对健身、形体训练等的需求,发挥游泳在健身等方面的作用,满足学生的实际需求,激发学生的参与兴趣和积极性,提高教学效果。①

(三)丰富游泳教学方法

游泳教师作为保证教学效果的关键力量,需要加强教学方法的创新,寻求更加适合现代化教育的教学方法,尤其是需要充分利用现代发达的多媒体技术以及一些重要的影像资料来进行教学。当学生观看影像时,可以更加直观地认识到游泳技术的动作要点,也能促进学生对动作进行思考。

①黄秀凤,汪巧琴.高校游泳教学中体能训练内容与方法研究[J].青少年体育,2020(12):87—89.

另外,现代的网络技术十分发达,也要充分利用网络资源。可以通过网络建立教师和学生交流的平台,因为一节课的时长是有限的,而上课的学生人数比较多,教师不能对学生进行单独的辅导。因此,搭建交流平台可以让教师对学生的疑惑进行解答,学生也能更加自主地进行学习。此外,考虑到学生的安全问题,高校的游泳教学基本都是在浅水区完成的,但是真正要提高学生的游泳技能,深水区的教学也是必不可少的。因此,在今后的教学中,要在充分保障学生安全的前提下加强在深水区的教学。

(四)加强安全教育,提高安全意识

学生在游泳课上的安全问题不容忽视,在每一节课上课之前都要严格地重申课堂上的安全纪律,在上课时要将教学的顺序和教学的区域进行合理的划分,有组织、有计划地开展教学活动,避免在课堂上出现教学安全问题。对于教师制订的纪律,学生也应该严格执行,活动的区域必须是教师允许的区域,不能做一些违反规定的行为,必须要形成自我安全意识。另外,游泳场馆的管理人员也要注意排除安全隐患,对于上课用的一些器材以及救生用的器材要定期进行检查,并且要制订合理的救生计划,以应对突发状况。

二、高校游泳训练方法

(一)体能训练方法

1.持续训练法

持续训练法是一种在相对较长的时间里,学生以相对稳定的强度进行持续练习的方法。在游泳教学中,持续训练法可以用于提高学生的耐力和体能水平。通过长时间的稳定练习,可以帮助学生增强心肺功能,提高身体耐力和有氧运动能力。在游泳训练中,持续训练法可以通过长时间的游泳练习来实现,也可以通过其他形式来实现,如慢速游泳、水中游戏等。通过持续的训练,可以提高学生的心肺功能和耐力水平,进而提高游泳成绩。同时,持续训练法也可以帮助学生培养良好的运动习惯和身体素质,促进身体的健康发展。总之,持续训练法在游泳教学中是一种非常有效的体能训练方法,可以有效地提高学生的耐力和体能水平,促进游泳成绩的提高。

2.间歇训练法

间歇训练法是一种在练习过程中,进行短暂的休息或者不完全恢复,然后继续进行练习的方法。在游泳教学中,间歇训练法可以用于提高学生的速度和爆发力。通过短时间的高强度练习和短暂的休息,可以帮助学生增强身体的代谢能力和快速供能能力。

具体来说,间歇训练法通常包括高强度练习和短暂的休息时间。在游泳训练中,高强度练习可以是快速游泳、全力冲刺等,短暂的休息时间可以是几十秒或几分钟。通过重复进行高强度练习和短暂休息的循环,可以帮助学生提高身体的代谢能力和快速供能能力。例如,在4×50米全力游泳练习后,进行1—2分钟的休息,然后继续进行下一组练习。

此外,间歇训练法还可以帮助学生提高身体的耐力和有氧能力。虽然每次高强度练习的时间较短,但是由于练习之间的休息时间较短,可以让学生在不增加运动负担的情况下增加运动量。通过这种训练方法,可以帮助学生提高身体的耐力和有氧能力,进而提高游泳成绩。

3.循环训练法

循环训练法是一种将多种练习按照一定的顺序编排在一起,使学生在指定的时间内完成所有练习的方法。在游泳教学中,循环训练法可以用于提高学生的全面体能和协调能力。

具体来说,循环训练法通常包括多种不同的练习项目,如力量训练、速度训练、耐力训练等。这些练习可以按照一定的顺序编排在一起,形成一个完整的训练计划。在指定的时间内,学生需要完成所有的练习项目,并且每个练习项目之间的休息时间较短。这样可以增加训练的强度和难度,帮助学生全面锻炼身体各个部位,提高身体的协调性和灵活性。

通过循环训练法的运用,可以帮助学生提高身体的代谢能力和有氧能力。由于多种不同类型练习的组合,可以让学生身体的各个部位得到充分锻炼,提高身体的耐力和有氧能力。同时,循环训练法还可以帮助学生提高身体的协调性和灵活性,使游泳动作更加流畅、自然。

4.组合训练法

组合训练法是一种将不同类型的练习组合在一起,以达到全面提高身体素质和综合表现的训练方法。在游泳教学中,组合训练法可以用于提高学生的全面体能和竞技能力。

具体来说，组合训练法可以将不同类型的练习项目结合起来，例如力量训练、速度训练、耐力训练、柔韧性训练等。这些练习可以按照一定的顺序编排在一起，形成一个完整的训练计划。通过多种练习的组合，可以帮助学生全面锻炼身体各个部位，提高身体的综合素质和竞技水平。

组合训练法的运用可以帮助学生提高身体的代谢能力和有氧能力。多种不同类型练习的组合可以让学生身体的各个部位得到充分锻炼，提高身体的耐力和有氧能力。同时，组合训练法还可以帮助学生提高身体的协调性和灵活性，使游泳动作更加流畅、自然。

通过组合训练法的运用，可以帮助学生培养良好的运动习惯并提高身体素质。多种不同类型的练习可以激发学生的兴趣和热情，让他们更加积极主动地参与到训练中来。同时，这些不同类型的练习也可以促进身体的健康发展，提高身体的免疫力和抗病能力。

（二）花样游泳教学中的训练分析

1.核心力量训练

对于花样游泳来说，学生在水中游进时，需要对游动的速度进行精准掌控，对身体的平衡进行灵活控制，让身体呈现出较为轻松的状态，才可以在水中优美地快速行进，这就需要学生本身有较好的运动肌群力量。而核心肌群力量则可以通过功能性训练来达成。在进行核心力量训练时，可以利用平衡面器材或是平衡球，对训练场景进行还原，让学生保持不平衡状态，展开核心力量的训练。一方面，可以帮助学生对水中核心力量的发力感受进行模拟，提高学生的核心力量；另一方面，学生需主动探究核心动力链的价值，基于宏观这一维度，对核心动力链进行全方位分析，为提高其核心力量训练效果提供强力的保障。除此之外，还需要将传统腰腹肌群训练和核心力量训练进行有效区分。核心力量训练除了包括基础的腰腹肌群力量训练之外，更重要的是让学生进行腰腹肌群和脊柱部位的肌群综合训练，将重点放置在了训练学生核心部位肌肉的灵敏度、爆发性以及平衡能力上，同时还可以在整个过程中改善学生身体的柔软度。功能性训练可以帮助学生在水中始终保持躯干和脊柱的最佳状态，让学生可以在水中灵活游动，感受四肢发力支撑点，提高其机体核心动力链的传递水平，让学生可以在花样游泳中表现出较高的动作技巧。与此同时，通过核心力量训练也可以为学生提供充足的动力，降低学生游泳训练时发生意外损伤的风险，让他们始终保持正确的动作。

2.有氧训练

有氧训练的特征在于基础性和专项性，是锻炼学生有氧耐力的主要途径。花样游泳集体项目中，要求学生需在规定时间内维持在水中的动作状态，同时结合音乐变化情况完成各种动作。在整个过程中，需要身体提供充足的有氧耐力，才可以支撑身体状态。此时可以利用传统的有氧训练模式，利用持续性的包干游泳或是长距离的变化呼吸节奏连续自由泳优化学生的有氧耐力水平。在进行有氧训练时，学生可以进行成套动作训练，在水中展示其成套动作，锻炼其有氧耐力，基于更多维度、更深层次展现出其优势以及高难度的动作技巧。因此，有氧训练是学生的基础训练内容，尤其对于花样游泳功能性训练来说，更是有着非常重要的现实作用。

3.爆发力训练

大多数的花样游泳高难度动作完成都需要学生本身拥有较好的无氧爆发力。举例来说，团体性的花样游泳项目中，学生在规定时间之内需要突破空间和水所带来的动作局限性，从完全水下状态转变为腰部露出水面冲击状态。在各种高难度技巧的展现过程中，还需要学生在短时间内跃出水面，同步完成高难度技巧展示，整个过程除了具有一定的时间限制，在动作技巧上也有着较高的难度。这就需要学生本身保持较好的默契度，让整个团队动作始终维持协调性，同时以相同的节奏共同跃出水面，学生需要有较好的无氧爆发力，为协调其身体动作提供源源不断的动力支持，在确保动作完成综合质量、动作技巧完成标准的前提下，获得最佳的展示效果。无氧爆发力训练可以通过多种训练方式来实现，如游泳基础能力训练、专项能力训练，还可以借鉴其他运动项目的训练方法。在进行功能性体能训练时，需要利用多种器材，可以改善学生的综合运动爆发力。

4.小肌肉群力量训练

对于花样游泳项目来说，学生需要在水中保持长时间的高难度技巧动作展示状态，一般为2分30秒到4分左右，这也就需要学生本身具有较好的耐乳酸能力。在花样游泳项目中，受到时间和多维空间的限制及影响，会对学生的身体技能、肌肉控制力提出较高的标准及要求。传统的大肌肉群力量训练及其带来的力量训练支撑效果难以满足学生的力量控制效果要求。因此,全方位锻炼学生的小肌肉群力量,已经成为功能性体能训练过程中的必然要求。小肌肉群训练需要综合花样游泳学生的身体素质以及具体的体能情况,制订出针对性的训练方案,在满足学生训练需求的同时,也可以优化学生小肌肉群的训练层次。传统的体能训练将重点放在了大肌肉群训练上,忽视了学生的小肌肉群训练,导致其训练效果始终难以达到理想目标。因此,在进行小肌肉群训练计划编制时,需要全方位探索花样游泳项目中对学生的肌肉力量需求,面对不同的肌肉群,展开针对性的力量训练,制订专门的体能训练计划。具体来说,在进行小肌肉群体能训练时,需锻炼学生手指并拢和倒立滑水的肌群力量,让学生可以通过小肌肉群的力量调动达成其动作发力目标,进一步减少在其动作完成过程中的代谢产物,以最大限度缓解其训练过程的疲劳感,助力学生始终维持在水中的运动状态。但需教师注意的是,小肌肉群发力多是利用橡皮带来实现。在训练时,需模拟水中不同速度变化条件下的肌肉群发力状态,以确保学生的小肌肉群发力始终保持标准及规范。除此之外,还可以使用训练球,让学生夹在两腿之间膝盖以上,以仰卧起坐的方式锻炼学生的大腿内侧肌肉力量,让学生可以形成身体记忆,始终保持在水中的肌肉收紧状态。除此之外,对于花样游泳训练项目来说,需要学生利用背阔肌群力量完成一系列的高难度动作,如跳出水面、划水等,很容易出现训练过程的意外损伤。因此,在进行训练时,可以适当为学生安排止血带,其目的在于使用止血带隔绝学生的血液流通,让肌肉群始终维持在失血失氧条件下,由此实现二头肌、三头肌以及其他肌群的全面训练。在训练完成之后,只需将止血带解开,即可优化学生的肌群力量。

第五节　篮球教学与技能训练

一、高校篮球教学策略

为不断深化体育课程教学改革，优化体育教育质量，2020年10月，中共中央办公厅、国务院办公厅发布《关于全面加强和改进新时代学校体育工作的意见》，提出"教会、勤练、常赛"的体育课新模式。篮球教练赛一体化，不能将"教会、勤练、常赛"割裂开来，而是要把握三者之间的关系和正确内涵，学中有练、有赛，练中有学、有赛，赛中有练、有学，因此在内容安排方面需要整体性规划与设计，同时在了解学生需求的基础上，帮助学生形成持续的学习动机，在学习中充分发展自己的潜能和特长。

篮球教练赛一体化实施是实现教学目标的中心，实施策略的构建既要符合教学目标和教学内容的要求，又要考虑教学对象实际的特点，遵循学生身心发展规律和篮球教育教学规律。在此，篮球教练赛一体化实施主要指教学目标制定、教学过程优化和教学评价完善，以及教学管理系统的搭建和体育教师综合素养的培养4个方面。

（一）制订篮球教、练、赛一体化的教学目标

教学目标是整个教学过程的首要环节和关键环节。教、练、赛一体化更强调教学目标对学生全面发展的要求，在"教会、勤练、常赛"一体化要求下，要提升学生运动能力、健康行为和体育品德。在一体化教学目标设计中，要遵循全面性原则、明确性原则和相关性原则。

全面性原则指篮球教学要面向全体学生，包括初级入门的学生、中级兴趣型学生和高级比赛型学生，同时要有利于学生的全面发展，强调教、练、赛一体化教学目标不仅包括认知和技能的提升，而且包括在认知和技能的构建过程中，享受过程，养成良好的行为习惯，健全意志品德。另外，教、练、赛一体化教学目标要涉及课程目标3个维度的各个方面。

明确性原则指要明确为什么要制订该教学目标。对体育教师来说，一堂篮球课一般包括讲解、示范、指导、活动组织等内容。对学生来说，模

仿、观察、思考、讨论、练习等也属于常规内容,那么在该堂课中,为什么要进行活动、最终解决什么问题、学生能学到什么等,这些问题需要在上课前考虑清楚。

相关性原则指教、练、赛一体化教学目标的设计要与篮球具体课程实施相关联。让体育教师能够有计划、有组织地协调教学活动,让其科学合理地实行,要求教、练、赛一体化教学目标与课程实施不能脱节。因此,要充分考虑学生的学情,如果教学目标过高,则学生可能无法达到要求,容易失去对学习的兴趣。

(二)优化篮球教、练、赛一体化的教学过程

篮球教、练、赛一体化的教学过程包括导入、讲授、指导练习、分组竞赛和总结反思5个阶段。

导入阶段是教学过程实施的重要环节,需要精心设计,常见的导入方法有游戏导入法,通过轻松有趣的篮球小游戏活动,让学生参与和体验;问题导入法,通过设计与篮球教学相关的问题,在课堂开场抛出,以引起学生的思考,还包括情境导入法、温故导入法、直接导入法等,通过适宜的导入方式,吸引学生的注意力和好奇心。

讲授阶段是教学过程的中心环节,教师要向学生传授知识,培养学生能力,帮助学生形成良好的行为习惯,在该过程中不仅要根据教学目标进行讲解,启发引导学生,突出教学的重点和难点,还要根据学生实际情况,具体问题具体分析,其中对于初级入门的学生,以“教会”为主。

在指导练习阶段,教师对篮球动作技术进行示范,学生需要观察教师动作后进行练习,在该过程中,教师要在合适的位置不断观察学生,帮助其找出练习的不足与问题并进行指导。

在分组竞赛阶段,对于中级兴趣型学生,在不断反复练习过程中,保持篮球参与的兴趣显得尤为重要,教师可以引入游戏和趣味比赛等,充分调动篮球运动参与的积极性,巩固运动技能,确保练习效果最大化。对于高级比赛型的学生,可采用比赛常态化的原则。

在总结反思阶段,包括教师总结反思和学生总结反思,在该阶段进行总结反思可以为下一次篮球课堂教学的开展提供借鉴,做好教学预设和教学评价,从而使学生更好地学习和掌握篮球技术技能。

（三）完善篮球教、练、赛一体化的教学评价机制

教学评价是教学的指挥棒。完善篮球教、练、赛一体化教学评价，一是要体现以促进学生发展为根本的发展性评价理念。篮球课程的主要目的在于增强学生体质，锻炼学生吃苦耐劳、不怕困难以及团结合作的精神等，因而应以学生发展为根本，重点评价学生篮球的知识技能和思想道德水平。二是坚持多元评价原则。坚持量化评价和质性评价相统一，既要关注结果性评价，将比赛结果作为评价学生篮球水平的重要依据，又要关注过程性评价，将学生在学习和练习过程中的表现作为依据，即将学生在篮球学习过程中的积极性、参与度等各方面表现作为评价的重要指标。[①]三是选择多样的评价主体，把教师和学生都当作评价主体，根据标准进行客观评价，不断提高教、练、赛一体化教学水平。

（四）搭建篮球教、练、赛一体化的教学管理系统

教、练、赛一体化，要求学生自主学习、深度学习，在科学的篮球训练和常态化的篮球比赛中，将课上和课下、校内和校外串联起来。在这种课内外一体化模式下，可以搭建一体化的教学管理系统，给予学生更多课外参与篮球运动的机会，有效激发学生参与篮球知识学习和锻炼的兴趣。在管理内容上，借用大数据分析工具，集教学资源、作业练习、比赛、答疑等于一体；在管理形式上，将传统的单一目标定性或过程定量管理转为综合式的管理，以避免不同体育教师管理尺度、内容不统一的情况出现。

（五）提升体育教师综合素养

教、练、赛一体化篮球教学对体育教师提出了挑战，要求体育教师具有与之对应的综合素养，主要表现在自身的专业学习、教学实践、教学科研等方面。

在专业学习方面，体育教师作为国家重大战略部署和学校体育教育教学改革方案的主要实施者，需要与国家大政方针保持高度一致，要认真研读近年来国家关于教师发展的政策，树立正确政治方向和职业认同感，有理想信念、有道情操、有扎实学识、有仁爱之心，要特别自觉强化师德建设，明确立德树人的根本方向。

---

①刘衡升，刘维韬，马凯．“课内外一体化”模式下高校体育教学管理体系的研究[J]．当代体育科技，2021，11(05)：161—163.

在教学实践方面,体育教师要学习先进的教育教学理论知识和教学方法,深刻理解和掌握"教会、勤练、常赛"一体化的内涵,并运用到具体的教学实践中。高校可以通过相关培训提升执教能力,如国培、省培与区县培,健康教育培训、新课标与新教材培训等专题专项培训,以及线上培训、线下培训、线上线下结合培训等,培训形式灵活。通过强化培训,逐步提高全体体育教师的专业化水平和教育教学能力,帮助体育教师更加合理有效地组织体育课堂教学,从而提高教学质量。

在教学科研方面,教学科研工作不能单纯追求成果数量,更不能唯论文论,重点是要潜心研究,有一定的理论创新,力求体现出一定的学术贡献。高校要为体育教师创设教研与科研环境,搭建良好的平台,如开展全国性教研活动,为体育教师提供更多参与教学研究的机会。因而,体育教研活动要形成常态化,通过研究,真正提升体育教师一体化发展水平,加快推进改革。总之,强化教研与科研工作,鼓励支持体育教师增强教科研意识,积极参与教育教学研究和学术研究等科研活动,不断深化对教育教学改革的规律性认识,探索适应新时代要求的教书育人的有效方式和途径,提升体育教师的科研水平。

二、高校篮球训练方法

(一)选球

在篮球技术训练中,选择合适的球是保证训练效果的关键。一个高质量的篮球不仅能提升训练效果,还能在很大程度上保障学生的身体健康。因此,在进行篮球训练时,首先要关注篮球的质量问题。篮球的质量合格是基本要求。在选择篮球时,必须要保证球的质量符合标准,避免使用劣质篮球。劣质篮球不仅会影响训练效果,甚至可能对学生的身体造成伤害。其次,篮球的表面柔软度也是非常重要的。篮球表面的柔软度适中,可以有效减少学生在训练过程中受到的冲击力,降低受伤的风险。最后,在篮球训练中,对抗训练是必不可少的。这种训练要求篮球具有更高的质量。如果使用重量较轻、体积较大、表面较硬的篮球,学生在训练时容易出现打球不稳、球掉落等情况。篮球在飞行过程中由于重量较轻,容易发生晃动,这对学生技术训练的影响是显而易见的。因此,在选择篮球时,我们应该注意以下几点:首先,篮球的重量要适中,不能过轻。一般来说,篮球的重量不应低于450g。这样可以保证学生在训练过程中提高投篮、传球等技术的准确性和稳定性。其次，篮球的表面要有一定的柔软度，这样可以使学生更好地进行身体接触，提高训练效果。最后，篮球要具有一定的弹性，这样可以有效地保护学生的身体，降低训练过程中的受伤风险。

（二）技术训练

1.模拟实战演练

(1)紧逼突破与应对

设置：设定一个半场的区域，进攻方持球从三分线外开始，防守方站在罚球线上。进攻方的目标是突破防守方并完成上篮或投篮。

变化：为了增加难度，可以增加额外的防守方或设置限制，如只允许使用左手突破。

目的：此练习的目的是模拟比赛中的紧逼防守情况，训练进攻方在压力下做出快速判断和动作。

(2)结合对抗垫完成投篮

对抗垫是篮球技术训练中的重要工具，其可有效模拟实际比赛中的对抗情境，为进攻方创造身体对抗的条件，同时也是一种保护防守方不受伤的方法，具体如下。

基本设置：两人一组，其中一个学生持对抗垫作为防守者，另一位作为进攻者站在三分线外。进攻方需要自行抛球并接住，然后开始三威胁的动作，作为启动进攻的信号。

运球三步上篮：进攻方开始突破，目标是完成三步上篮。防守者使用对抗垫对进攻者施压。他们可以选择持续施压，直到进攻者与对抗垫发生接触，或在施压后突然泄力。

目的：该演练的目标是帮助进攻方在面对强烈的身体对抗时保持身体平衡并完成上篮动作。

急停跳起投篮：进攻方启动，突破防守方。防守方需要使用对抗垫模拟比赛中的身体对抗，特别是在进攻方决定急停并起跳投篮之前。其关键在于防守方要施加压力到进攻方的核心部分，而不是试图干扰投篮动作。

扩展：在学生熟练掌握了急停跳投的技术后，可以尝试在运球突破后进行撤步投篮。

目的:该练习旨在训练进攻方在强烈的身体对抗中进行有效的急停,平衡自己的身体并完成准确的投篮。

2.分阶段、分层次进行训练

(1)初级阶段

目标:为新手或初学者提供基础技能和知识。

持球技巧:对于初学者来说,学会正确的持球姿势是至关重要的。这涉及手的位置、手指的散开度以及掌心和球之间的空间。持球的重点是确保球始终在手指尖上,并利用手腕的力量来控制球的方向和速度。

运球技巧:初学者通常面临的一个挑战是如何在行走或跑动中保持对球的控制。这需要练习如何让球紧贴地面反弹,同时确保身体和球始终在一个合适的距离。重要的是保持头部抬起,更好地观察场地情况。

了解篮球的基本规则:包括比赛时间、得分规则、犯规与罚球规则等。

团队合作概念:即使是最简单的两人合作,如"挡拆",也是初学者需要掌握的。这需要学生学会如何与队友之间建立沟通,确保每个人都知道自己的任务和目标。

篮球运动对身体素质有着较高的要求,即使在初级阶段,学生也需要进行一些基础的体能训练。①跑步,增强心肺功能,提高学生在场上的耐力。②跳绳,增强心肺功能,提高脚踝的灵活性和力量。

基本力量训练:包括深蹲、俯卧撑和仰卧起坐等基础动作,可以帮助学生建立坚实的身体基础,为以后更高强度的训练做好准备。

(2)中级阶段

在中级阶段,学生已经掌握了篮球的基础技能,此时的训练更加注重技能的完善和实际应用。

目标:为具有一定基础的学生提供进一步的技能提升和战术理解。

持球与运球技巧:中级阶段的学生应该开始学习更为复杂的运球技巧,如背后运球、交叉步、欧洲步等。

传球与投篮:此阶段学生应该开始尝试不同的投篮方式,如勾手、跳投和上篮。

比赛应用:中级阶段的学生需要开始理解如何在比赛中灵活运用所学

技能，如何根据场上形势做出决策，以及如何利用技巧击败对手。

挡拆：挡拆属于较为常见的战术，需要两名学生之间的紧密配合。一名学生为另一名持球学生设置屏障，帮助其摆脱防守方。

快攻：此战术要求学生在夺取篮板后迅速转换为进攻状态，利用速度和配合实现快速得分目的。

转换防守：在失去球权后，学生应迅速回到自己半场进行防守，确保对方不能轻松得分。

间歇性跑步：这种训练模拟比赛中的高强度冲刺和低强度恢复阶段，可有效提高学生的耐力和爆发力。

爆发力训练：包括竖跳、俯冲和爆发式冲刺等，这些均可帮助学生在比赛中快速启动、更高跃起和有更强的推进力。

阻力训练：使用阻力带、沙袋或健身器械进行训练，可以帮助学生增强肌肉力量和耐力。

(3)高级阶段

目标：为经验丰富的学生提供精细化的技能调整和高级战术策略。

特长发掘：教师需要深入了解每名学生的特点和优势，为其量身定制专项技能训练，如中锋的篮下技巧、后卫的三分投篮以及小前锋的快攻冲刺等。

短板强化：要明确学生在某方面的不足，制订有针对性的训练计划，帮助学生改正错误和不足，从而在比赛中表现更全面。

多人合作战术：比如三人、四人合作战术，需要学生之间有极强的默契和沟通，确保每次进攻时均可找到最好的得分机会。

半场战术：在半场进攻中，球队需要掌握时间与节奏，制定针对对方防守的策略。这包括如何摆脱对方的紧逼防守，如何利用对方的失误进行反击，或如何在关键时刻找到最佳的得分机会。

比赛录像分析：在高级阶段，学生应观看并分析自己和队伍的比赛录像。通过录像回放，可以更直观地找出比赛中的失误和不足，同时也可以学习对方的策略和技巧。

第六节　足球教学与技能训练

一、高校足球教学策略

（一）多元化教学方法

多元化的教学方法在高等教育领域得到了广泛的关注和应用。当今社会，高校足球教学的有效性已不再仅仅局限于传统的教学范式，而是倾向于融合多样化的教育手段，以便更好地迎合学生个体差异化的学习需求，激发他们的学习兴趣以及潜能的最大释放。在此背景下，引入多元化教学方法，如案例分析、小组讨论以及游戏化教学等，已然成为教育实践中的一项重要举措。案例分析作为一种多元化的教学手法，不仅能够将理论与实际相结合，还能够激发学生的思维深度和批判性思考能力。通过引入真实或虚拟的足球案例，学生将有机会面对复杂的情境，从中学习如何运用理论知识去解决问题，培养他们的问题解决能力以及分析技巧。此外，案例分析还能够促使学生主动地参与学习过程，从而培养其自主学习的能力，使他们成为能够独立思考、独立解决问题的现代人才。小组讨论作为另一种多元化的教学策略，能够促进学生之间的互动和合作，拓宽他们的视野。在足球教学中，学生可以根据分配的主题或问题，组成小组进行深入讨论和交流。通过与同伴的互动，学生可以分享不同的观点和经验，从而加深对教学内容的理解。此外，小组讨论还可以培养学生的团队协作意识，提升他们的沟通和交流能力，这些能力在未来的足球实践中同样具有重要价值。此外，游戏化教学作为创新的教育方式，已经在高校足球教学中逐渐得到应用。通过将足球教学融入游戏化元素，如竞赛、角色扮演等，可以激发学生的积极性和投入感。游戏化教学不仅可以增加学习的趣味性，还能够提高学生的学习动机和参与度。在游戏化的环境下，学生会感受到一种愉悦的学习氛围，从而更容易将理论知识与实际操作相结合，加深对足球技能和战术的理解。

（二）师资培训与引进

在全球范围内，足球运动都是一项受到广泛重视的体育活动，而其在教育领域的普及与发展亦成为各国高校日益关注的议题。在这一背景下，师资培训与引进策略的制定与实施显得尤为重要，以确保高校足球教育能够与时俱进，为学生提供更为优质的教学内容和指导。

首要的任务之一是加强对高校足球教师的培训。培养一支专业素质过硬、教学经验丰富的足球教师队伍，是保障高校足球教育质量的基础。为实现这一目标，可以采取系统化、多层次的培训计划，涵盖从足球运动基本知识到教育教学方法的全面内容。培训内容可以包括足球运动的规则、技术、战术等方面的深入解析，同时也要重视教育心理学、课程设计与教学评估等教育专业知识的融合。这有助于确保足球教师不仅在足球领域具有深厚的专业素养，还能够将教育理论与实践相结合，更好地引导学生在足球领域的成长与发展。

除了对现有教师的培训，吸引足球领域优秀人才进入高校教育也是一个重要的方向。在高校足球教育的发展中，不仅需要具备丰富足球经验和知识的从业者，还需要那些能够将创新理念融入教育实践的人才。因此，高校可以通过设立特殊岗位、提供优厚的薪酬与福利待遇等方式，吸引足球领域的杰出人士加入教育队伍中。这种引进方式不仅有助于丰富高校的教学资源，还能够为足球教育带来新的理念和方法，推动其更好地适应时代的需求。

（三）营造竞技氛围

在致力于构筑一种促使学生群体积极参与并融入其中的校园环境之时，倾力策划与推动高校足球比赛与联赛等竞技活动显得尤为关键。这一战略性举措的目的在于营造一种浸透于校园氛围之中的强烈竞技情境，以刺激和引发学生们参与的内在热情，并唤起他们参与的积极倾向。高校足球比赛与联赛等大型体育活动作为引领学生群体情感态度与行为导向的平台，不仅在激发学生参与积极性方面发挥着重要的作用，而且在倡导校园文化融合、认同感塑造等方面也卓有成效。

首先，这些竞技性活动的设置在自身的内在属性上，孕育着集体荣誉感与荣耀追求的基因。参与其中的学生不仅仅是个体，更是代表着学校的面貌,体现着学府整体形象。这种集体认同感不仅会在比赛中呈现出强烈的荣誉感和使命感,更会在日常的校园生活中为个体赋予一种使命感,引导他们在社会以及日常生活的各个领域内保持积极进取的心态与态度。

其次,高校足球比赛与联赛等竞技活动的开展,必然导致校园内的氛围与情绪得到极大的升华。在这种通过竞技方式营造出的情境之下,学生们将被引导并刺激其个体的努力与拼搏,从而将原本平淡的校园氛围映射得充满活力与激情。而这种竞技情境的营造,则无疑会对学生的情感态度产生积极的影响,从而激发他们加入比赛与竞争中的渴望,推动学生参与热情的高涨,引领他们朝着卓越与成功不懈努力。

最后,通过倡导高校足球比赛与联赛等竞技活动,学校还能在拓展校园文化的同时,培养学生的团队协作与协同能力。这些活动往往需要学生们紧密协作,共同合作,互补技能,以取得更为优异的成绩。在这个过程中,学生们需要借助与队友之间的互动与合作达到个人成长与团队荣耀的双赢。这种团队协作的意识与能力在学生今后的社会角色中都将显得至关重要。

(四)改善场地设施

加大资金投入,对高等教育机构内的足球场地及相关训练设施进行全面提升,从而为学生们创造更为优越的训练环境,有效提升他们的训练效果。在当前足球运动蓬勃发展的背景下,对校园内的体育设施进行持续改善已成为教育机构管理的一项紧迫任务。

为达成这一目标,首要任务是加大投资力度。在高校体育设施的更新与维护方面,资金的投入直接关系到设施的现代化水平。通过积极争取政府拨款、吸引社会资本投资等方式,为场地设施改善项目提供持续稳定的经济支持,可为高校提供更新更先进的足球场地与训练设施。

改善高校足球场地和训练设施的工程不仅局限于表面,更应综合考虑运动场地的设计与布局,以及设施的先进性与实用性。借鉴国际一流足球场地的标准和设计理念,可使得高校的足球场地更加符合专业化标准。合理规划训练设施的布局,确保各个训练区域相互衔接,有机组成一个科学完备的训练体系,为学生提供全面的训练空间。

提供更为优越的训练条件是改善高校足球场地和训练设施的核心目

标之一。这不仅包括场地硬件设施的提升,也涉及周边环境的优化。在场地硬件方面,可以考虑引入先进的草坪材料和人工设施,确保场地平整度和舒适度。同时还可以配备现代化的训练设备,如虚拟现实系统、运动生物测量设备等,以促进学生更加深入、全面地进行足球技能的训练与提升。

(五)建立评价体系

创立一套科学合理的足球教学评价体系,以全面衡量学生在技术、身体素质、团队合作等多方面的表现,确切评估其综合水平以及取得的进展。在足球教育领域,针对学生的多元发展与素质提升,建立一个综合性的评价模式显得尤为必要。该评价体系的设计应当以客观、公正、科学的原则为基石,以确保评价结果的准确性与可靠性。评价体系的建立不仅有助于为学生提供有针对性的教学指导,也有助于教师更为精准地了解学生在不同层面的发展状况,从而优化教学策略,实现教学质量的持续提升。

该综合评价框架首先应当明确定义评价目标与评价指标。在技术方面,可以考虑涵盖传球、射门、控球等关键技术项目,以及对战术理解与应用的评估。在身体素质方面,可以包括耐力、速度、灵活性等因素,这些因素在足球比赛中具有显著的影响。同时,团队合作也是足球运动的重要组成部分,因此评价体系应当包括学生在集体配合、协作沟通等方面的表现。这些评价指标之间相互交织,形成了一个多维度、多层次的评价体系。

在评价方法上,可采用定性和定量相结合的方式,确保评价结果的科学性和客观性。定性评价可以通过教师对学生在比赛、训练中的表现进行观察、记录和分析,从而捕捉到学生的技术操作、战术应用以及团队合作等方面的特点。而定量评价则可以依托于技术统计手段。例如,使用专业的运动传感器设备来获取学生在比赛中的运动数据,以及使用标准化的测试项目来测量学生的身体素质。这两种评价方法的相互补充有助于更全面地反映学生在足球教学中的综合素养。

此外,在评价体系的运用过程中,教师的专业性与能力也具有重要意义。教师应当具备足够的专业知识,能够准确判断学生在不同方面的表现,并将评价结果转化为有针对性的教学措施。同时,教师的评价应当具备一定的标准化，以确保不同教师在评价过程中的主观因素对评价结果的影响得到控制。[①]

二、高校足球训练方法

（一）实施定期并持续的训练计划

首先，制订训练计划时，需要考虑学生的年龄、身体状况和足球技能水平。针对不同群体，训练的强度、频率和持续时间应有所不同。例如，初学者需要更多的基础技能训练，而经验丰富的学生则可以承受更高强度的训练。其次，训练计划应包括多样化的训练内容。这不仅包括基本的足球技能训练，如传球、射门和控球技巧，还应包括身体素质的训练，如力量、速度、耐力和灵活性训练。多样化的训练内容能够全面提升学生的体能素质。最后，训练计划应具有明确的目标和阶段性的评估。通过设定具体的训练目标，学生可以有针对性地提高自己的能力。同时，定期的评估可以帮助教师和学生了解训练效果，及时调整训练计划。

（二）运用组合训练法

1. 技术训练

传统的技术训练往往侧重于单一技能的提升，而组合训练法通过巧妙地组合多个技术动作，使训练更加贴近实际比赛的需求。这种方法有助于培养学生在压力下迅速做出正确决策的能力，提高其在实际比赛中的表现水平。在技术训练中，组合训练法可以通过将不同的技术元素相互组合，创造出多样且复杂的训练场景。例如，在传球训练中，教师可以将短传、长传、弧线传球等不同类型的传球技术有机地结合在一起。这样的综合性训练可以更好地锻炼学生在实战中的传球技能，使其能适应各种场合和战术需要。另外，组合训练法也可以应用于射门训练。在传统的射门训练中，学生可能仅仅专注于站位和踢球的动作，而组合训练法则能够将射门与其他技术元素相结合，如盘带、过人等。这样的综合性训练不仅提高了学生的射门精准性，而且提升了其在实际比赛中独立完成射门动作的能力。

---

①殷君楚．高校足球教学大学生兴趣培养的思考[J]．当代体育科技，2022，12(03)：70—73.

在技术训练中实施组合训练法的关键在于精心设计训练方案。教师需要根据学生的水平和团队的需求,有针对性地组合各项技术动作。同时,引入竞技元素,如限时完成、团队间的对抗等,调动需要关注个体技术动作的细节,并通过个体化的指导帮助学生不断完善技术动作。

2.体能训练

组合训练法在体能训练中的应用是提高学生身体素质的创新途径。传统的体能训练往往侧重于单一的训练,如耐力、爆发力等,而组合训练法的应用则将多项体能要素有机地结合起来,使训练更贴近于足球比赛的真实需求,从而提高学生的整体体能水平。在体能训练中,组合训练法的一种典型应用是将有氧耐力与爆发力训练相结合。通过在有氧运动中融入爆发力动作,如短跑、爆发性起跳等,使学生在长时间的有氧运动中保持高强度的表现。这样的综合性训练不仅提高了学生的有氧耐力水平,而且提升了他们在比赛中频繁变换运动强度的能力。还可以将核心稳定性与灵活性训练相结合,核心稳定性对于学生至关重要,而传统的核心训练往往与其他体能要素分开进行。而组合训练法可以将核心稳定性的动作与灵活性训练相结合。例如,在灵活性训练中引入平衡球等器械,使学生在保持稳定性的同时完成更为灵活的动作。

在体能训练中实施组合训练法的关键在于科学合理地设计训练计划。第一,教师需要充分了解每位学生的个体差异和特点,以便有针对性地组合体能训练动作。例如,对于爆发力较弱的学生可以增强爆发力与有氧耐力的组合训练,而对于核心稳定性差的学生可以加入核心稳定性与灵活性的组合训练。第二,教师还需要根据球队整体的需求设计集体训练动作。在集体体能训练中,组合训练法能够促使学生更好地协同合作,从而提高团队整体的体能水平。

3.团队协作培养

足球作为一项团队运动,强调学生之间的协作和默契的重要性。组合训练法通过将不同的技术动作和战术元素有机地结合,能够更好地提升学生在团队中的沟通与协作能力,从而提高整体战队的协同效能。组合训练法可以通过设计集体战术练习来促进团队的协作。在进攻方面,教师可以设计一系列的组合训练动作,并设置团队目标,要求学生在规定时间内完成整个战术流程。这样的练习不仅有助于提升学生个体技能，而且能够增强学生在团队中的战术协作和配合默契。组合训练法也可以应用于防守方面。在团队协作中，防守同样是至关重要的一环。通过设计集体防守战术练习，如团队协同压迫、防守阵型的快速调整等，教师可以引导学生在防守时更好地协同作战，形成有效的防线，从而提高球队整体的防守水平。

实施组合训练法在团队协作培养中的关键在于注重细节和战术的整体性。教师需要设定明确的团队目标，使每个组合训练环节都能服务于整体战术目标。例如，通过在组合训练中引入模拟比赛场景，让学生在训练中理解并适应真实比赛中的战术需求，从而在实际比赛中更好地执行战术。教师还需要关注学生在协作过程中的沟通与理解能力。在组合训练法中，学生不仅需要完成个体技能动作，而且需要在这一过程中与队友沟通并协同作战。

第七节　排球教学与技能训练

一、高校排球教学策略

（一）教学内容的更新与改进

第一，紧跟行业发展。排球是一项发展较快的体育项目，教学内容应与时俱进，及时了解和引入最新的技术和战术知识。高校可以与排球行业进行紧密合作，邀请行业专家参与教学内容的更新与改进。第二，设计灵活多样的教学内容。排球课程的教学内容应包括基本技术、战术、体能训练等多个方面。针对不同学生的需求和特点，设计灵活多样的教学内容，满足学生的不同培养目标。其次，强调实践操作。排球是一项实践性较强的项目，教学内容应重视实践操作。增加实践环节的时间和机会，让学生能够亲自进行技术训练和比赛实践，提高他们的实际操作能力。第三，结合科技手段。借助现代科技手段，如视频分析、虚拟实境等，丰富教学内容。通过科技手段的应用，可以更直观地展示技术动作、战术演练等，提高学生的学习兴趣和效果。第四,强化教材建设。高校可以着手编写或选用优秀的排球教材,确保教学内容的准确性和权威性。根据学科发展和学生需求,不断修订和更新教材,保持教材与教学内容的一致性。第五,加强教师培训。教师是教学内容更新与改进的关键推动者。高校应加强教师的培训与学习机会,提高他们的学科素养和教学能力。通过培训,教师能够及时了解新的教学内容和方法,将其应用到实际教学中。[①]

(二)加强实践环节

第一,增加实践课时。确定排球课程的实践课时比例,确保学生有足够的时间进行实践操作。可以适量增加实践课时,使学生有更多的机会进行技术训练和比赛实践。第二,定期组织比赛和训练。安排定期的校内排球比赛和训练,为学生提供实践的机会。组织校内排球比赛可以让学生在真实的比赛环境中应用所学技术和战术,提高实战能力。第三,注重团队合作。排球是一项团队运动,加强实践环节时要注重培养学生的团队合作精神。可以通过分组训练、小组对抗等方式,培养学生的合作意识、沟通能力和协作能力。第四,创设实践场地和设备。为了加强实践环节,需要有合适的实践场地和设备。高校可以建设专业的排球场地,配置齐全的排球训练设备,为学生提供良好的实践条件。第五,邀请行业专家和优秀运动员指导。通过邀请排球行业专家和优秀运动员参与实践环节的指导,可以让学生受益于专业的辅导和指导,提高他们的技术水平和实战能力。第六,结合实践案例和经验分享。在实践环节中,引入实践案例和经验分享,让学生了解真实的排球竞技环境和成功的实践经验,通过学习他人的实践经验,学生可以更好地理解和应用所学知识。

(三)提高师资力量

师资力量不足使得学生在学习过程中无法得到充分的指导和引导,无法获得优质的教学资源和实践经验。因此,为了解决这个问题,需要采取相应的对策,以提高师资力量。首先,加大招聘力度。高校应积极引进优秀的排球教师,拓宽招聘渠道,吸引更多具备专业知识和教学经验的教师加入排球课程教学队伍中。其次,完善培训机制。高校应建立健全师资培

①庞强.探讨如何培养学生在排球课上的兴趣[J].当代体育科技,2017,7(10):38—39.

训体系，为教师提供定期的培训和进修机会，更新教师的专业知识和教学方法，提高教师的教学水平和素质。最后，加强学科建设。高校排球课程应设立更为完善的学科目录，制订明确的教学标准和教材体系，促进学科的发展和深化，为师资提供更好的发展空间和平台。

（四）创新教学方法，使之多样化

第一，体验式教学。这种教学方法强调学生的亲身参与和体验，通过实际操作和感受来学习排球技能。教师可以设置各种排球活动和比赛，让学生在参与中感受排球运动的乐趣和挑战。第二，探究式教学。教师引导学生通过观察、思考和讨论来探究排球技术和战术的原理和应用。这种教学方法可以培养学生的思维能力和解决问题的能力，同时也可以提高他们的学习兴趣和主动性。第三，互动式教学。通过师生之间、学生之间的互动交流，促进排球知识和技能的学习和应用。教师可以组织学生进行小组讨论、示范和评价等互动活动，让学生在互相交流中学习和提高。第四，情景式教学。教师设置具体的排球场景和情境，让学生在其中扮演不同的角色和任务，通过模拟比赛和实际操作来学习和掌握排球技能。第五，组合式教学。将不同的教学方法和手段组合起来，形成一种综合性的教学方式。例如，将翻转课堂和合作学习结合起来，或者将任务导向教学和模拟比赛结合起来，以实现更好的教学效果。第五，游戏化教学。将排球技能练习与游戏结合，通过有趣的游戏来帮助学生掌握排球技能。例如，设置各种与排球相关的游戏和活动，让学生在轻松愉快的氛围中学习和提高。第六，个性化教学。针对学生的不同需求和能力，提供个性化的教学方案。例如，对于技术水平较高的学生可以进行更高级别的技能训练和技术分析，而对于技术水平较低的学生则可以进行基础技能训练和技术入门。第七，多媒体教学。利用多媒体资源和技术手段，为学生提供更加丰富多样的学习资源和体验。例如，利用视频、动画、在线教程等多媒体资源进行演示和讲解，或者利用虚拟现实技术让学生身临其境地感受排球比赛的氛围和体验。这些创新教学方法可以增强排球课程的多样性和吸引力，提高学生的学习兴趣和参与度，从而更好地实现教学目标。然而也要注意任何教学方法的改革都需要结合学校的实际情况和学生需求，进行合理的规划和实施，确保其可行性和有效性。

（五）完善课程评估

首先，制订明确的评估标准。为了使评估结果更加公正、客观，应该制订明确的评估标准，包括技术考核、体能考核、理论知识考核、学习态度考核等多个方面，确保评估结果的全面性和公正性。其次，采用多种评估方式。为了及时反馈学生的学习情况，应该采用多种评估方式，包括技战术评估、体能测试、理论知识考试、学习态度考查等，以便更好地了解学生的综合素质。再次，加强过程性评估和形成性评估。为了更好地反馈学生的学习情况，应该加强过程性评估和形成性评估，及时发现学生在学习中存在的问题，并及时进行纠正和指导。最后，建立评估反馈机制。为了更好地了解学生的学习情况，应该建立评估反馈机制，及时将评估结果反馈给学生和教师，以便更好地进行下一步教学计划。总之，完善高校排球课程的评估体系需要从多个方面入手，包括制订明确的评估标准、采用多种评估方式、加强过程性评估和形成性评估、建立评估反馈机制等，以确保评估结果的公正、客观和全面。

二、高校排球训练方法

（一）根据学生特点制订训练计划

排球训练中要想实现体能和技术之间的最佳均衡，制订个性化的训练计划是关键。每一个学生在身体条件、技术水平、经验、恢复能力等方面都存在着差异，所以在训练计划中需要针对这些个人特点进行详细考虑。例如，对于体能基础较差的选手，训练计划有必要以基础体能的建构为重点，如加大心肺耐力与力量训练的比重，促进他们体能指标的发展，并逐渐提升技术训练的难度与复杂性等。另外，在训练计划中也要考虑到学生技术上存在的不足。比如，如果一名学生的拦网技术较差，则应在训练计划中增加有针对性的技术练习，并结合力量训练来提高其爆发力与协调性，从而使体能训练和技术训练既相互支撑，又相互补充，共同促进学生整体成绩的提高。

（二）合理安排训练时间和强度

要达到技术和体能的平衡，合理地安排训练时间和强度至关重要。训练时间应以学生的体能恢复能力、技术掌握程度等为依据进行调节。比如，赛季初，学生进入基础体能建设阶段后，可安排较多的体能训练时间，技术训练宜遵循低强度和高质量的原则来保证技术动作。随着本赛季的发展，逐步降低体能训练所占比例，延长技战术训练时间，使学生能将技术融于实战。训练强度管理也是如此，高强度体能训练周期要避免和高负荷技术训练相矛盾。计划进行高强度体能训练后，教师要为后续技术练习安排合适的恢复时间，以防止过度疲劳。比如，经过一次高强度耐力训练后，就可布置一些强度较小、以康复为主要目的的技术练习，如慢速技术动作练习、战术走位等。同时，训练强度也要基于学生的适应情况进行调整。随着学生体能的增强及技术熟练度的提高，教师可适当加大训练强度，但需严密监测学生的身体反应，以免训练过量。纵观本赛季，教师也要根据比赛项目的编排对训练强度进行调整，以保证学生能在重大赛事中发挥出最佳水平。

（三）注重体能训练与技术训练的交叉整合

要想促进学生在排球运动的全面发展，就不能将体能训练和技术训练割裂开来，而必须重视二者的交叉整合。交叉整合这一策略需要教师对训练内容进行创造性设计，让学生能够正确高效地完成技术动作，同时增强体能。例如，可以设计包含技术要素的身体练习，如模拟比赛中的动作进行耐力训练，也可以在力量训练中加入排球动作，以增强特定肌群的力量和爆发力。通过交叉整合，学生能够在比赛强度相近的情况下进行技术练习，从而既增强训练的趣味性，又增强高强度、疲劳状态时技术动作的稳定性。另外，交叉整合策略还有利于模拟真实比赛时的心理与生理反应，使学生能够较好地应对比赛压力。在执行该战略的过程中，可采用多种办法维持培训的多样性与挑战性。如将技术训练嵌入身体训练的间隙期，采用高强度间歇训练模式，不仅可以提高心肺功能，还可以在疲劳状态下锻炼学生的注意力集中能力和技术实施能力。类似地，在一些技术练习时可以加大负重或者抗阻，以提高学生的动作效率，促进力量输出。

（四）持续跟踪和调整训练计划

为保证最大限度提高训练效果，对学生的训练进度及体能变化进行连续追踪必不可少。教师需通过多种评估手段对学生的体能水平、技术精准度及心理状态等进行监控，其中包括经常性体能测试、技术统计及心理评估等。所搜集的资料可用于对学生进步情况和适应训练计划情况的分析。根据这些评价结果，教师需要及时对训练计划进行调整，这对于保证学生的不断进步，规避平台期至关重要。若有资料表明某学生的体能或技术水平进步较慢，则要及时调整训练方法、加大训练强度或安排较多的休息时间。在调整训练计划时，还应该考虑到学生的反馈，其个人感受与意志对制订有效的训练方案也是至关重要的。另外，追踪学生的训练情况还意味着要不断优化训练环境，主要表现在改善训练设施、调整营养支持和优化恢复策略上。这种全方位跟踪既有利于学生体能与技术的平衡发展，又能增强其整体训练体验，从而激发其潜能。

第八节　羽毛球教学与技能训练

一、高校羽毛球教学策略

（一）加强羽毛球教学师资队伍建设

为建设体育“金课”，充分发挥羽毛球教学的育人主渠道作用，高校应以落实可持续发展体育与综合化教育、培养综合性体育人才为目标，以引进优秀退役运动员、优秀青年教师为手段，逐步形成“以老带新、以新促老，全方位、多层次”的师资队伍建设理念。同时，为加强学生专业素养与综合素质教育，高校应通过“走出去，引进来”等方式，提升羽毛球教师教学水平与专业技能，如引导教师积极参与教练员培训、相关运动证书考级等，并定期走访不同名校，在教学交流与竞技对抗中不断学习升华。另外，紧跟高校体育使命和学科前沿，鼓励羽毛球专业教师参与体育教学、健康和羽毛球教学活动等相关领域的科研项目，丰富专项力量训练、运动健康监测与恢复、互联网与体育教学融合等方面的前沿知识，如此有利于为提高高校羽毛球教学质量、竞技成绩提供理论与实践支撑。此外，要明确分工，加强专业型教师与学术型教师的协同合作，致力于培养和打造专业结构合理、一专多能的优秀教学团队，逐步迈向教学专业化、系统化，为高校羽毛球教育教学创新稳定发展提供有力的基础保障。

(二)丰富羽毛球教学内容,推进课内外一体化

创新高校羽毛球教学内容,根据年级推进教学内容层次化。大一、大二学生聚焦羽毛球基本技术动作的学习、进阶综合技能的提升;大三学生通过实战对抗着力提高羽毛球竞技能力;大四学生以羽毛球社团和俱乐部活动为主,参与校园赛事与各类羽毛球活动,传播校园羽毛球文化。同时,羽毛球公共课应合理安排教学计划与教学内容,从基础教学到进阶教学,保证教学内容的难易程度逐级上升,并在教学实践与反馈中不断丰富教学内容,通过基础、专项、拓展、自选等内容板块的协同实施,提升学生主动学习与训练的积极性。

此外,高校应充分发挥羽毛球社团、俱乐部、运动队等的功能,将羽毛球课内教学与课外教学进行有效衔接。其一,通过创办普通生运动队,由专业羽毛球教师定期开展强化训练,以高难度、高强度的专业教学为主,高水平运动员指导陪练为辅,为普通生与体育专业生搭建沟通桥梁;其二,通过羽毛球俱乐部定期组织教学练习活动,以提高羽毛球单项技术及战术的策略学习为主,扩大高校羽毛球运动辐射范围;其三,开展羽毛球社团特色活动,以羽毛球裁判规则、赛事编排为主要教学内容,培养学生裁判员及熟悉羽毛球相关工作的学生骨干,形成具有特色品牌活动与校园影响力的羽毛球“社交圈”,推动高校羽毛球教学的课内外一体化发展。①

(三)创新羽毛球教学方法,助力课程思政育人

为提高高校羽毛球教学的创新性、校园体育的全面性、学生参与的积极性,高校应紧跟时代发展潮流,不断创新教学理念与方法,将科技融入教学过程,拍摄运动常识、技术示范等由基础到进阶的全过程教学视频;在教学中利用视频分析软件进行技术动作及战术实施强化训练,使学生掌握羽毛球综合技能,并提升战术素养,从而培养羽毛球人才;借助校园体育、短视频等平台进行传播与推广,打破教学的时空限制,提高学生学习的自主性与趣味性。另外,依托高校体育的创新发展平台,鼓励并带领学生参与科研项目,定期开展身体机能、综合素质检测等特色教学活动,以便更全面、系统地了解学生运动情况,同时加强羽毛球教学的系统性与针对性,让学生感受不一样的羽毛球教学,从而强化学生的参与感与体

①杨静茹. 陕西省普通高校体育课内外一体化现状研究[D]. 延安:延安大学,2022.

验感。

此外,根据高校学生身体素质能力悬殊、思想意识差异大等特点,在羽毛球常规基础课程教学、进阶课程教学、校内外竞技比赛、社团与俱乐部活动等环节嵌入思政教育内容。例如,教师可引导学生学习高校校风校训与奥林匹克精神,分享中国羽毛球发展奋斗历程,培养学生集体荣誉感和爱国爱校精神。在羽毛球课程教学各环节中设计锤炼意志品质的教学模块,通过思想交流、鼓励引导等方法培养学生团队协作、坚忍不拔、追求卓越的精神。如此,让学生通过羽毛球教学锤炼顽强拼搏、追求卓越、永不放弃的意志品质,实现"以体育人、以体育心"的体育教学目标。

(四)加强教学设施管理维护,充分利用教学资源

针对羽毛球场地稀缺、较难预定的情况,高校应加大对羽毛球场地的经费投入,逐步增加羽毛球场地,并延长开放时间,满足羽毛球教学的需要,为学生创造良好的教学环境。对于羽毛球硬件设施维护的问题,应提高管理人员的保养维护意识,重视场馆硬件设施的管理和维护,提高其使用寿命和使用率,保证学生在羽毛球教学过程中的安全,避免因为场地设施造成安全问题。同时,不断提高软件建设水平,优化网络订场等服务系统。高校相关管理部门应重视对教学设施的管理及运行,以"学生需求"为中心,增强学生对于学校体育的认同感,进而提高学生的满意度。此外,高校应利用各类优势资源促进羽毛球课内外教学一体化,并建立健全学生反馈途径。例如,高校可建设相关体育服务网络系统,方便学生获取羽毛球教学活动信息;制订完善的教学质量评价方法、规范评价操作流程及监控管理方式,让学生可以通过线上意见反馈渠道以无记名方式提出建议,以保证学校与学生之间沟通无障碍,从而提升高校羽毛球教学质量。

二、高校羽毛球训练方法

(一)技术培养

在羽毛球领域,技术培养是学生发展的核心。技术的精湛与稳定性直接决定了学生在比赛中的表现。因此,制订个性化的技术培养计划至关重要。这个计划应该精心设计,注重基本功和反复练习,以确保技术的稳定性和精准性。

个性化的技术培养计划是关键。因为每名学生的天赋、体质和技术水平都不相同，教师需要与学生密切合作，深入了解学生的潜力和需求，以制订适合他们的培训方案。这种定制计划弥补了学生的技术不足，同时发挥其潜力，使其能在比赛中表现出色。

基本功是技术培养的基石。无论是初学者还是高级选手，都必须建立坚实的技术基础，包括正确的握拍、站位、挥拍动作等。通过反复练习，学生巩固这些基本技术，确保其成为第二本能。扎实的基本功使学生能在紧张的比赛中保持冷静，确保技术不会受到压力的干扰。

反复练习是技术培养的关键。毫无疑问，反复练习是精通任何技能的秘诀，羽毛球技术也不例外。无论是发球、接球、击球还是移动，都需要数百次，甚至数千次重复练习，以形成肌肉记忆和自动反应。这种反复练习不仅能提高技术的稳定性，还能帮助学生在比赛中更好地应对各种局面。

技术的稳定性和精准性是技术培养计划的最终目标。学生必须在比赛中准确、可靠地执行各种技术动作，这需要耐心和毅力以及坚持不懈的努力。在比赛中，技术的稳定性意味着无论压力多大，学生都能保持一贯的表现。精准性则是指技术动作的准确性，如将羽毛球精准地打入指定区域，这种精准性使学生获得更多得分机会，同时减少了失误的风险。

（二）身体素质

爆发力是羽毛球运动中不可或缺的要素之一。在比赛中，学生需要快速、瞬时的爆发力以应对各种技术动作，如瞬时加速、迅速侧移和跳跃。因此，力量训练成为提高爆发力的有效途径。通过力量训练，学生增加肌肉力量，提高反应速度，并在关键时刻释放更多能量。力量训练计划应包括瑜伽、举重和其他专门针对肌肉群的练习，以全面提高身体的力量。

耐力同样至关重要。羽毛球比赛可能会持续很长时间，需要学生在比赛的各个阶段保持高强度的表现。因此，耐力训练对维持体能状态至关重要。长跑、有氧运动和训练有助于提高心肺功能，同时延长学生的持久力。适度的休息和康复也是耐力训练计划的一部分，以确保肌肉得到足够的恢复和修复时间。

速度是羽毛球运动中的制胜法宝。快速移动和反应速度让学生更好地应对对手的攻击和防守。为提高速度,学生需要进行爆发力训练,加强下肢的力量和灵活性。同时,专门的速度训练课程能帮助学生提高爆发速度和反应时间。

柔韧性是羽毛球运动中的隐藏杀手。具备良好的柔韧性能帮助学生更好地掌控身体,执行各种技术动作,同时减少受伤的风险。伸展、瑜伽和其他柔韧性训练方法提高关节的柔韧性,增加肌肉的伸展范围。柔韧性训练还有助于减少肌肉疲劳和紧张,提高学生在比赛中的舒适度。

(三)心理素质

自信是成功的基石,在羽毛球运动中,自信尤为重要。自信的学生更有可能采取积极的态度,更愿意承担风险,更有可能在关键时刻表现出色。心理训练课程应帮助学生建立自信,通过正面的自我对话和自我肯定增强信心。这种自信帮助学生在比赛中更好地应对困难,同时减轻比赛压力。

专注力是羽毛球运动中另一个关键要素。比赛中需要高度的专注,以迅速反应、准确判断对手的动作和掌握比赛节奏。心理训练课程应包括专注力提高的方法,如冥想、呼吸练习和集中注意力的技巧。这些方法能帮助学生保持冷静,提高比赛中的专注力。

压力是每位学生必须面对的挑战。无论是比赛中的关键一分,还是来自观众、教师或自身的期望,压力都会影响学生的表现。心理训练课程应教授学生应对压力的策略,如积极的心理对话、深呼吸和放松技巧。这些策略帮助学生在压力下保持冷静,提高应对压力的能力。

心理辅导支持是另一个重要的组成部分。学生可能会面临各种心理问题,如自我怀疑和比赛焦虑症。心理辅导师提供个性化的支持,帮助学生克服这些问题,同时提高他们的心理素质。心理辅导支持应该是持续的,以确保学生在比赛和日常生活中都能应对心理挑战。

(四)比赛策略

个性化的比赛策略是关键。因为每名对手都有不同的特点和弱点,制订通用的策略可能不够有效,因为它们可能不适用于每位对手。因此,与教师合作,为每场比赛制订特定的策略是至关重要的。这个过程需要深入了解对手的特点,包括他们的技术水平、比赛风格、强项和弱项。根据这些信息制订策略，最大限度削弱对手的优势，并利用他们的弱点。

比赛录像分析是制订比赛策略的有力工具。通过仔细观看对手以往的比赛录像，学生和教师了解他们的比赛风格和策略，预测对手在比赛中可能采取的策略，并制订相应的对策。比赛录像分析还能揭示对手的惯用动作和比赛节奏，这对在比赛中进行快速反应至关重要。

模拟比赛训练是将比赛策略付诸实践的关键环节。在训练中，学生模拟比赛中的各种情况，包括紧张的局面、领先或落后的情况，以及对手的各种攻击和防守动作。这种练习有助于培养学生的比赛智慧，使他们在比赛中更好地应对各种挑战。模拟比赛还能增强学生的信心，因为他们会在练习中多次重复成功的策略和技术。

除了个性化的比赛策略，团队合作也至关重要。学生需要与教师、团队成员和支持人员紧密合作，以确保策略的执行。团队协作增强战术的灵活性，使学生能在比赛中迅速调整策略。此外，团队的支持和信任能提高学生的信心，使他们在比赛中表现得更加出色。

（五）团队协作

在双打和混双项目中，两名学生必须紧密协作，以应对对手的攻击和防守，这需要高度的默契和互相信任。团队的默契是通过共同的训练和练习培养的。学生需要熟悉对方的技术风格和比赛习惯，以便更好地预测对方的行动并迅速反应。通过反复练习，双打和混双组合建立默契，以便在比赛中更好地配合。

团队的合作水平也取决于沟通。在比赛中，学生必须及时交流，分享战术信息和提供建议。有效的沟通能帮助团队更好地应对对手的战术变化，并调整自己的策略。学生和教师应该鼓励开放和坦率的沟通，以确保团队的合作水平得到提高。

双打和混双项目中的团队协作还涉及战术决策。学生需要在比赛中根据局势和对手的特点做出战术决策。这需要团队成员之间的协商和共识，以确保他们采取的策略是最有效的。学生和教师通过模拟比赛和战术讨论，可以提高战术决策的质量。

此外，团队协作还包括对伙伴的支持，在双打和混双项目中，伙伴之间的支持是非常重要的。学生应该相互鼓励、互相支持，无论比赛是否顺利。积极的态度和团队精神能帮助团队克服挫折，更好地应对压力。

在比赛之外，通过共同训练提高团队协作能力。定期的双打和混双练习是培养团队默契和合作关系的关键。学生在训练中测试各种战术和策略，同时适应彼此的比赛风格。此外，共同分析对手的录像能帮助团队更好地了解对手，并制订相应的战术。

第九节　乒乓球教学与技能训练

一、高校乒乓球教学策略

（一）分层教学

受身体素质、学习能力等诸多因素的影响，学生存在一定的个体差异，如果不加区分地采用标准化教学方法，必然会导致教学效果受到影响。分层教学是根据学生个体差异开展的层次化教学模式，关注学生在教学中的主体地位，改变以往"一刀切"的教学模式，考虑到了不同层次学生的学习需求和实际情况。在高校乒乓球教学过程中，教师可以结合教学内容和训练项目，针对不同基础的学生设置不同的学习模块，并在各个模块中设定不同的训练项目，以确保教学内容的多样性和层次性。为了满足不同水平学生的需求，高校乒乓球教学可以采用"三级教学模式"，通过分层次、循序渐进的教学体系把学生分为基础级、提高级和竞技级三种不同的层级，针对各个层级的学生确定相应的教学内容和方法。

1.基础级

基础级的学生主要是刚刚接触乒乓球的初学者，教学内容主要集中于乒乓球的握拍方法、发球、接球、推挡、攻球等基本技术的掌握。学生需要了解乒乓球的基本规则，理解比赛的计分方式、轮换发球的规则以及各种比赛中常见的违规行为。在教学方法上，针对基础级的学生，主要采用示范教学法，依托教师的专业示范和学生的积极模仿，帮助学生形成正确的动作习惯和感觉，使初学者可以快速理解和掌握基本技能。

2. 提高级

提高级的教学内容是在基础级之上的延伸，主要针对已经掌握基本技能的学生。提高级的学生将学习更为复杂的旋转球、变化球、步伐移动等进阶技术和更高级的攻击技巧。同时，学生会接触到对服务规则的详细解读，以及比赛中的特殊规定等更深入的乒乓球相关规则。在战术层面，提高级的学生将学习如何构建连贯的比赛策略，以及如何在对抗中灵活运用不同的技术和战术。在教学方法上，针对提高级的学生，更倾向于使用对抗教学法，鼓励学生之间进行实际的对抗练习，通过实战来提升技术和战术水平，使学生能够更好地理解和应用学到的技能，学会如何在压力下做出快速反应和调整。

3. 竞技级

竞技级的学生主要是技术水平较高、希望参加正式比赛的学生。该层级的学生会学习高级发球技巧、连续攻击组合、防守转攻等高阶技术，并深入了解国际乒联（ITTF）的最新规则和比赛条例，以能够在正式的比赛中遵守规则并做出正确的判断。在战术方面，竞技级的学生会学习心理战术、场上调度和对抗策略的制订等更为复杂和高级的比赛策略。在教学方法上，针对竞技级的学生，主要采用比赛教学法，让学生通过参与模拟比赛或实际比赛来提高竞技水平，从而让学生可以在真实的比赛环境中检验和提升技能。教师团队可以对学生的表现进行评估和指导，帮助学生在技术和战术上达到更高的水平。

分层教学既适合基础较好的学生，也适合基础相对较差甚至是零基础的学生，从而能够达到全面教学的目的。

（二）科技辅助教学

科技辅助教学作为一种新兴的教学手段，已经在教育领域得到了广泛的关注和应用。通过利用多媒体、网络平台等现代科技手段，能够为体育教学提供更多的资源和支持，从而拓宽学生的学习渠道，提高学习效果。

首先，科技辅助教学可以为高校乒乓球教学提供丰富的教学资源。多媒体教学手段的应用，使得乒乓球教学内容更加生动、形象、具体，有助于学生更好地理解和掌握乒乓球知识。例如，教师通过视频教学，可以让学生直观地看到乒乓球运动员的动作，从而加深对动作要领的理解。同时，多媒体教学手段还可以提供丰富的教学案例，有助于学生进行实践操作，提高技能水平。

其次，科技辅助教学可以为乒乓球教学提供便利的教学方式。网络平台的使用，使得乒乓球教学不再受时间和空间的限制，使学生可以随时随地进行学习。例如，学生可以通过网络平台观看乒乓球教学视频，进行自主学习。此外，网络平台还可以提供在线互动功能，让学生可以随时与教师、同学进行交流讨论，从而提高学习效果。

最后，科技辅助教学可以为学生提供个性化的教学服务。教师通过分析学生的学习数据，可以更好地了解学生的乒乓球学习情况，进而提供针对性的教学指导。例如，教师可以利用虚拟现实（VR）技术，为学生创建一个沉浸式的乒乓球训练场景，让学生可以在虚拟环境中获得与真实场景相似的视觉、听觉和触觉体验，使学生通过虚拟现实方式，更加专注于训练，提高学习效果。利用VR技术模拟不同的比赛环境和对手，还可以帮助学生适应各种比赛场景，增强心理素质。[①]同时，教师可以利用增强现实（AR）技术，实时采集和分析乒乓球训练时球拍的角度、力度、速度等技术数据，更加准确地了解学生的训练情况，为学生提供个性化的指导和改进建议。

二、高校乒乓球训练方法

（一）专项体能训练

1.热身训练

静态拉伸：指在运动后进行肌肉群的拉伸时，身体姿态没有发生移动，动作完成后保持肢体30秒不动。

动作在原地进行：拉伸部位从头到脚有序进行，也可以从远肢端开始，可以两个八拍或三个八拍为一组。斜方肌拉伸、十字交叉拉伸、肩部拉伸、站姿转体、弓箭步、侧蹲、小腿拉伸等。

动态拉伸：与静态拉伸相区别，是指在拉伸肌肉群时靠肌肉发力使肢体发生位移，在运动的状态下拉伸肌肉。可以采用低频前踢腿、后踢腿、外拍脚、高抬腿、跳起转髋、腹背绕环、交叉步、肩部绕环、扩胸运动、头部

①周红燕．高校乒乓球教学改革创新策略实践探究[J]．拳击与格斗，2023(03)：69—71.

运动来进行拉伸。一个动作可以进行两到三个八拍。

身体核心部位的刺激:通过专项练习对肩部、臂部、腿部的肌肉进行刺激,提高动作的质量。

专项训练动作组合:指做一些多关节参与的连贯动作。例如,快速高抬腿、行进间后踢腿、连续跨步跑、急速冲刺跑等。

深层神经刺激:最大程度刺激神经,调动神经系统积极性,如小步跑、转身跑、急速上步抓球、急速变向跑。

2.速度素质训练

专项速度素质:学习乒乓球的学生想要在比赛中取得好成绩,就必须在打每一球时做出准确而快速的反应,不仅要反应快,还要启动得快,同时挥拍速度快,身体的移动速度也快,击打动作和出手方式的变化也得更快,只有这样才可以打出让对手接不到的球,从而得分。这不仅考验学生的随机应变能力,更考验学生的基本素质,关键的一项就是速度素质。往往高手之间的较量只在忽微之间,只有比对手更快才能赢得比赛。

发展专项速度素质的训练方法:量变才能引起质变,想要取得更好的训练效果,动作的准确与规范是练习的前提。可以先进行乒乓球单一技术动作的徒手练习,然后再进行组合动作的徒手练习;而后就可以进行有球练习,从最基本的推挡动作、侧身推挡动作,再到急速变换手的难度动作。然后再进行多球的练习,锻炼学生的反应速度。最后到最难的快速给出不定点和旋转方向不同以及节奏不同的球,用这种超负荷的方法来激发出学生的身体潜能,使他的速度素质得到提高。

3.灵敏素质训练

灵敏素质训练主要锻炼学生的反应灵活性,所以在进行练习时要注意动作的突然性和隐蔽性,达到出其不意攻其不备的目的,这样才可以让学生的精神始终保持高度的紧张与集中,能及时、迅速、准确地做出反应,这样才可以使训练效果达到最佳。例如,急速变向跑、多球不定点练习、轮换击球练习、行进间颠球接力赛、追逐跑等。

4.力量素质训练

发展上肢专项力量素质练习:在训练时,要求学生表现出最佳状态,达到自己的最大力量,完成超量恢复的任务。可以采用各种变换俯卧撑、弹力带推肩、弹力带弯举、弹力带颈后臂屈伸、肩部内外旋练习。在乒乓球运动中，学生在进行练习时用到最多的就是上肢肌肉群，每一次挥拍都会用到肩部肌肉群和手臂肌肉群。挥拍时发力的肌肉为三角肌前束和肱二头肌，所以在练习时要加强三角肌后束和肱二头肌的练习，使力量发展均衡。

发展下肢专项力量素质练习：学生在比赛中，往往对下肢要求极高，只有下肢力量好才能随时切换步伐，完成攻击与防守的转换，赢得比赛。常见的动作有深蹲、箭步蹲、蛙跳、保加利亚蹲、原地纵跳等。

5.耐力素质训练

定点折返跑、中长时间变速跑、进行3—5分钟各式跳绳练习、3分钟移动不定点多球练习、在球台两端线之间做1—3分钟各种步法移动练习。

（二）步法训练

1.初学者

初学者在乒乓球步法练习中，教学策略至关重要。首要任务是确保高校学生掌握基本站位和动作，教师通过详细解说和示范引导学生正确站位和保持姿势。动作规范同样重要，细致入微地指导确保学生在击球时能够维持正确身体姿势。步伐练习阶段，可从基础的侧移和前后移动入手。通过简单的侧移练习，学生逐渐感受身体协调性和平衡性，更好适应球场上步法要求。通过前后移动练习培养学生对球场深度的感知，提高比赛中的灵活性。

为了加深理解，可利用视觉辅助和示范。教师示范动作，让学生直观看到正确脚步位置和移动方向。视频分析等技术手段也可帮助学生更清晰地看到自己动作，有助于及时调整和改进。反复练习是建立步法基础的关键。通过基础步法的反复练习，初学者形成肌肉记忆，提高运动技能熟练度。简单易懂、循序渐进的策略有助于初学者建立坚实步法基础，为更高级的步法技能奠定基础。

2.中级水平学生

中级水平学生步法训练的关键在于提高适应性和反应能力。首先，引入环境适应性训练是必要的。通过在模拟比赛场景中进行步法练习，学生能够更好地适应真实比赛中的各种变化。模拟对手的不同球路和战术,促使学生在多变的情况下迅速做出正确的步法反应。这样的训练有助于培养学生在复杂环境下的应对能力,提高他们在比赛中的自信心。其次,在战术应用方面,针对性的步法练习是中级水平学生进一步提升的关键。教师可以设计特定的练习,要求学生根据对手的战术和比赛情况进行灵活的步法调整。这种训练有助于学生更深入地理解步法与战术的关联,使其能够在比赛中更智慧地选择最适合的步法,实现更高效地移动和更准确地击球。最后,在方法上,除了模拟比赛场景,教师还可以采用视频分析等工具,帮助学生更清晰地看到自己的步法问题和改进空间。及时地反馈和个性化指导对中级水平学生的进步至关重要。同时,步法训练要有系统性和渐进性,逐步提高难度,确保学生在挑战中不断成长。

3.高级水平学生

高级水平学生的步法训练策略注重提高快速反应和灵活性。通过引入快速变化的步法模式,如方向变换和快速移动,培养学生的运动速度和灵活性,使其能够更迅速、准确地应对各类球路和战术。针对对手分析与应变步法的训练是关键,通过模拟不同对手的打法,学生能够在比赛中迅速调整步法,增强应变能力。视频分析工具在高水平学生的步法训练中发挥关键作用。通过深入了解对手的习惯和战术,学生能够更有针对性地调整自己的步法,并通过反复观看自己的表现找到改进点。模拟比赛场景的练习有助于学生在真实比赛中保持步法的准确性和效率性。个性化指导和挑战性训练是高级水平步法训练中不可或缺的元素。教师应根据学生的特点和需求提供个性化的指导和反馈,确保训练更有针对性。同时,设定更高难度的挑战性训练,逐步提高训练强度,使学生能够在竞技场上游刃有余地应对各种情况。

参考文献 REFERENCES

[1]陈雪珂.功能性力量训练对高校跆拳道运动员灵敏素质的影响研究[D].上海:上海体育学院,2023.

[2]程传银.发展学生体育学科核心素养的教学论解读[J].沈阳体育学院学报,2019,38(03):1—7.

[3]戴鹏,何敬堂.基于新时代体教结合模式的学训矛盾问题研究[J].湖北经济学院学报(人文社会科学版),2021,18(05):155—158.

[4]邓树勋.运动生理[M].北京:高等教育出版社,1999.

[5]冯武龙,柯丽.体育价值取向在高校体育教学改革路径中的融合分析[J].作家天地,2020(21):70—71.

[6]傅森.对体育教学质量影响因素的研究[J].中国教育学刊,2018(S1):59—60+78.

[7]谷世权.我国古代近代学校体育发展史考略[J].北京体育学院学报,1986(01):79—85.

[8]顾明远.教育大辞典[M].上海:上海教育出版社,1991.

[9]郭翠.武警战士军事体能训练的运动损伤预防及康复调查研究[D].太原:山西大学,2021.

[10]郭振,王松,钟玉姣,等.新时代体教融合的概念、价值与实践路径探析[J].体育科学,2022,42(02):21—29.

[11]黄兵,陈远生.线上线下混合教学模式在高校体育教学中的运用研究[J].大学,2021(11):78—81.

[12]黄海燕,张林.体育赛事的基本理论研究——论体育赛事的历史

沿革、定义、分类及特征[J].武汉体育学院学报,2011,45(02):22—27.

[13]黄剑聪.供给侧结构性改革视域下全日制体育硕士就业研究[D].福州:福建师范大学,2019.

[14]黄松鹤.体教融合模式下关于我国青少年足球运动员学训矛盾的研究[D].武汉:武汉体育学院,2022.

[15]黄秀凤,汪巧琴.高校游泳教学中体能训练内容与方法研究[J].青少年体育,2020(12):87—89.

[16]解鑫.短跑运动员的速度素质及其训练[J].体育科技文献通报,2018,26(10):67—70.

[17]琚新杰,王谷宁,郝鑫鑫.两极化与乳酸阈训练模式对军校学员耐力素质提升的影响[J].体育科技文献通报,2023,31(02):118—120+137.

[18]李培源.运动训练理论发展历程审视[J].当代体育科技,2020,10(18):74—75.

[19]刘衡升,刘维韬,马凯."课内外一体化"模式下高校体育教学管理体系的研究[J].当代体育科技,2021,11(05):161—163.

[20]刘申申,孔令达.谈运动负荷在体育教学与训练中的应用[J].中国教育学刊,2015(S1):303—304.

[21]卢竞荣."长三角"普通高校体育教学环境的现状与发展对策研究[J].沈阳体育学院学报,2009,28(01):82—84.

[22]马中林.课证融合背景下高校体育教育专业学生上岗能力的培养——以体育教学方法的选择与运用为例[J].体育视野,2022(09):39—41.

[23]毛泽东.毛泽东书信选集[M].北京:中央文献出版社,2003.

[24]潘绍伟,于可红.学校体育学(第3版).北京:高等教育出版社,2015.

[25]庞强.探讨如何培养学生在排球课上的兴趣[J].当代体育科技,2017,7(10):38—39.

[26]石磊,徐春霞.运动监控大数据平台构建与应用[J].当代体育科技,2022,12(12):9—13+18.

[27]唐照华.提高运动员力量水平的相关因素探讨[J].武汉体育学院学报,2001(03):47—48.

[28]陶然成,龚波,何志林,等.高校高水平运动员学训矛盾研究[J].北京体育大学学报,2010,33(10):86—89.

[29]田麦久.运动训练学(第2版)[M].北京:人民体育出版社,2000.

[30]田鑫光.传统茶文化背景下高校运动训练课程教学实践[J].福建茶叶,2023,45(10):87—89.

[31]仝磊,尚琦.回顾、反思与展望:我国个性化教育研究30年[J].江苏教育,2019(63):23—30.

[32]万炳军,王迪,路东升.从"学训矛盾"到"学训制度"——基于单位体制转型的视角[J].北京体育大学学报,2016,39(12):6—13.

[33]王广虎,胡健.运动负荷与生理负荷的定位与解析[J].成都体育学院学报,1996(04):2—6.

[34]王静,李博.高校体育赛事品牌形象研究[J].文体用品与科技,2023(18):55—57.

[35]王思薇.高校跆拳道公共体育课对学生体育学科核心素养的培养现状研究[D].太原:山西大学,2023.

[36]王小梅,王雅倩.延安大学学生体质健康测试影响因素调查[J].延安大学学报(自然科学版),2021,40(04):113—116.

[37]王子朴,杨铁黎.体育赛事类型的分类及特征[J].上海体育学院学报,2005(06):24—28.

[38]武海潭,王文娟.体育课学习目标定向教学法对小学生基本动作技能的影响——基于不同运动负荷组合[J].体育学刊,2023,30(02):114—121.

[39]严坤.冲击波联合DMS(深层肌肉振动治疗仪)治疗足底筋膜炎疗效分析[D].杭州:浙江中医药大学,2023.

[40]杨静茹.陕西省普通高校体育课内外一体化现状研究[D].延安:延安大学,2022.

[41]殷君楚.高校足球教学大学生兴趣培养的思考[J].当代体育科技,2022,12(03):70—73.

[42]张亚辉.把握要点,科学提升——高校田径体能训练的实施方法及提升策略研究[J].运动精品,2020,39(08):72+74.

[43]张志清.不同拉伸组合对运动素质表现的影响研究[D].北京:首都体育学院,2021.

[44]赵斌.运动损伤与预防[M].桂林:广西师范大学出版社,2005.

[45]赵涵颖.终身体育视域下我国大学体育教学改革分析[J].现代职业教育,2022(22):115—117.

[46]赵晓峰.浅析新时代我国高校体育教育改革现状及发展对策[J].数据,2022(09):167—169.

[47]郑雅青,胡微,姜娟,等.基于SPOC“线下、线上”混合式教学设计探究——以沈阳体育学院《健身气功》课程为例[J].辽宁体育科技,2020,42(04):155—159.

[48]仲冰冰,颜军.体教融合视角下高校健美操专项教学改革的思考[J].山东师范大学学报(自然科学版),2022,37(02):205—211.

[49]周爱国.我国国家队运动员人本管理理论研究[D].北京:北京体育大学,2010.

[50]周红燕.高校乒乓球教学改革创新策略实践探究[J].拳击与格斗,2023(03):69—71.

[51]周长江.高校体育有效教学的策略探析[J].体育科技文献通报,2014,22(02):56+80.